함께 성장하는 리더십

-추진력과 경청의 균형-

함께 성장하는 리더십
 -추진력과 경청의 균형-

초판 1쇄 인쇄 : 2025년 3월 3일
초판 1쇄 발행 : 2025년 3월 10일

지은이 : 김정택
교정 / 편집 : 이원희 / 김현미
표지 디자인 : 김보영
펴낸이 : 서지만
펴낸곳 : 하이비전

주소 : 서울시 동대문구 하정로 47(신설동) 정아빌딩 203호
전화 : 02)929-9313

신고번호 : 제 305-2013-000028호
신고일 : 2013년 9월 4일
주소 : 서울시 동대문구 하정로 47(정아빌딩 203호)
전화 : 02)929-9313
홈페이지 : hvs21.com
E-mail : hivi9313@naver.com

 ISBN 979-11-89169-87-9(13320)

 * 값 : 18,000원

함께 성장하는 리더십

-추진력과 경청의 균형-

김정택 지음

하이비전

함께 성장하는 리더십
-추진력과 경청의 균형-

직접 느끼며 하나씩 배워가는 마음으로

살다 보면 자연스럽게 리더와 팔로워의 역할을 맡게 되는 순간이 찾아온다. 가족 안에서도, 친구들 사이에서도, 소규모 동아리에서도 리더가 필요한 상황은 발생한다. 리더십은 구성원들을 하나의 방향으로 이끄는 데 중요한 역할을 한다. 특히 조직이 커질수록 리더의 역할이 더욱 중요해진다. 단순한 개인적인 친분을 넘어 모두가 목표를 위해 협력해야 하고, 조직의 목표에 맞게 움직이는 게 생각만큼 쉽지 않기 때문이다.

처음 리더의 역할을 맡았던 때를 떠올리면 작은 요식업 사업을 시작했을 때였다. 몇 명 되지 않는 직원들과 함께 작은 가게를 운영하면서 모든 일을 혼자 책임지려 했다. 메뉴 개발, 재료 구매, 고객 응대, 직원들의 업무 분배까지 모든 것을 주도했다. 처음에는 괜찮았다. 직원들도 나의 열정과 의지를 보고 따르려 했다. 하지만 일이 많아질수록 모든 것을 통제하는 게 쉽지 않았다. 그 일을 하는 만큼 다른 것을 못하게 되니, 모든 일을 해결하려는 자세가 과연 효율적인가 하는 생각이 든 것이다.

일이 잘 돌아갈수록 전체를 조율하는 역할이 필요한 법인데, 리더가 실무적인 일을 일일이 살펴보고 있었던 셈이다. 그러다 보니 일부 직원들은 점차 자신의 의견을 내지 않았고, 일을 수동적으로 하게 되었다. 작은 실수가 반복되었고, 직원들 사이에 긴장감이 생겼다. 나 자신도 점점 지쳐갔다.

가끔은 내가 얼마나 열심히 하고 있는지 직원들이 몰라준다는 섭섭한 생각도 들었다. 하지만 나중에 돌이켜보건대, 나 역시 직원들을 온전히 믿지는 않고 있었다. 그들 하나하나의 성실함과 전문성을 인정하면서도 늘 내 감독 하에 질서가 잡혀야 안심이 되었다. 늘 내가 판단하고 추진한 일이 대체로 잘 되던 시절이다 보니, 괜히 기다리며 사람들이 성장할 때까지 인내하느니, 그냥 내가 하는 편이 속전속결로 확실한 답을 가져다 준다고 생각했던 것 같다. 그러다 보니, 그들이 책임감을 가지고 스스로 일할 기회를 충분히 주지 않았다.

하지만 작은 조직의 시절을 뒤로 하고, 큰 조직에서 여러 생각을 지닌 사람들과 일을 조율하는 상황에서는 도저히 혼자서 감당하기 어려운 과제가 팀 앞에 놓이곤 했다. 축구에서 아무리 공격수 한두 명이 분발해도 수비와 미드필더가 열심히 하지 않으면 패배가 자명하듯이, 모두가 일사불란하게 움직여야 하는 시절이었다. 이런 때에 나는 리더의 역할을 예전과는 다르게 고민해야 했다. 선택이 아니라 생존을 위한 고민이었다.

처음에는 쉽지 않았다. 맡긴 일을 제대로 하지 못하면 어쩌나 하는 걱정이 끊이질 않았다.

하지만 구성원들은 생각보다 훨씬 더 잘해냈다. 새로운 아이디어를 제안하기도 했고, 실수가 발생해도 함께 해결해 나가며 분위기가 좋아졌다. 결국 원하던 성과도 달성하면서 본부장까지 승진도 했다. 혼자 하던 때보다 더 나은 결과가 있었고, 혼자 하면 애초에 달성할 수 없는 성과였다.

그제야 깨달았다. 리더란 혼자 모든 것을 끌고 가는 사람이 아니라, 방향을 제시하고 구성원들이 함께 움직일 수 있도록 돕는 사람이라는 것을.

이 경험은 나를 변화시켰다. 리더의 역할은 지시와 통제가 아니라 신뢰와 협력을 통해 모두가 각자의 역량을 발휘하도록 돕는 것임을 배웠다. 그런 과정을 통해 조직은 더 큰 목표를 향해 나아가고, 구성원 개개인은 자신의 성장 가능성을 발견하게 된다. 리더 자신도 이러한 과정을 통해 성장한다.

이러한 리더십은 회사에서만 필요한 것이 아니다. 일상생활에서도, 작은 그룹에서도 중요한 역할을 한다. 누구나 리더가 될 수 있는 순간이 찾아오고, 그 순간 어떤 태도를 취하느냐에 따라 상황은 크게 달라진다.

이 책은 나의 경험에서 출발했다. 리더의 역할을 어렴풋이 느끼던 시절의 시행착오, 점점 더 많은 사람들과 협력하며 배우게 된 과정, 그리고 여전히 배우고 있는 이야기들을 이 책에 성심껏 담았다.

리더십은 이론으로만 배울 수 있는 것이 아니다. 오히려 부딪히고 실패하며 깨닫는 과정에서 얻은 게 많았다. 그리고 여전히 배우는 중이다. 그렇게 나에게 리더십이란 현장에서 더 나은 상황에 도달하기 위해 치열하게 고민한 열매였다. 때로는 아직 멀었다고 느끼며 마음을 다잡고, 때로는 조금 나아졌다고 느끼며 기뻐하기도 한다.

이 책이 리더십을 고민하는 독자들에게 약간의 참고가 되길 바란다. 리더십은 특별한 누군가만의 능력이 아니라, 누구나 함께 만들어갈 수 있는 기술이자 태도다.

현장에서 검증된 가치 있는 지침

독서와 글쓰기가 한 사람을 얼마나 변화시킬 수 있고, 성장할 수 있는지를 저자를 보면서 느끼게 되었다는 말씀을 먼저 드리고 싶습니다.

리더를 꿈꾸고 있고, 현재 리더의 역할에 대해 고민하고 있다면 이 책을 필독서로 추천하고 싶습니다. 이 책의 내용은 조직의 리더뿐만 아니라 인간관계 전반에 통용될 수 있는 지침서라고도 할 수 있습니다.

우선, 이 책은 실무에서 체득한 경험과 도전 정신이 고스란히 녹아 있어, 독자들에게 실질적이고 구체적인 전략과 영감을 제공합니다. 이는 보험회사 본부장으로서 깊은 통찰과 열정을 담아낸 덕분입니다. 보험업계에서 성장과 성공을 갈망하는 분들이라면 이 책에 담긴 명확한 방향과 실천 가능한 방법을 참고하면 좋을 것 같습니다.

특히 조직 관리에 대한 본부장의 실질적인 조언은 현장에서 검증된 가치 있는 지침으로 다가옵니다. 현장에서 함께 일하며 느꼈던 본부장의 진정성, 혁신적인 사고방식, 그리고 사람을 중심에 두는 철학이 이 책을 통해 독자들에게 전해질 것이라 확신합니다.

이 책이 보험업계에 몸담은 모든 이들에게 유의미한 새로운 나침반이 되기를 바랍니다.

메리츠화재 개인영업운영파트 허윤서 리더

CONTENTS

리더십의 두 축, 추진력과 경청

MBTI는 개인의 성향을 간단히 설명하기 위해 네 가지 축(I-E, N-S, T-F, J-P)을 활용한다. 예를 들어, 내향(I)과 외향(E)은 사람의 에너지 원천을, 직관(N)과 감각(S)은 정보를 처리하는 방식을 나타낸다. 사고(T)와 감정(F)은 의사결정 과정에서 어떤 가치를 중시하는지를 보여주고, 판단(J)과 인식(P)은 삶을 조직하는 방식의 차이를 설명한다. 이렇게 서로 대칭적인 두 요소를 통해 사람들의 성향을 명료하게 단순화한다.

이처럼 어떤 현상을 단순화하여 설명하는 접근법은 유용한 면이 있다. 리더십에서도 이와 비슷한 방식으로 두 개의 키워드로 핵심을 정리할 수 있는데, 개인적으로 중요시하는 리더십의 두 축은 바로 추진력과 경청이다.

리더십이란 단순히 팀을 이끄는 기술을 넘어, 조직의 성과를 만들어내기 위한 조율의 능력을 포함한다. 작은 조직에서는 리더의 의견이 곧 방향이 되는 경우가 많지만, 조직이 커질수록 상황은 복잡해진다. 다양한 이견이 존재하고, 때로는 파벌이 생긴다. 이러한 상황에서 리더는 '추진력'과 '경청'이라는 두 가지 역량을 균형 있게 발휘해야 한다.

우선, 추진력은 리더가 조직을 움직이는 원동력이다. 큰 그림을 그릴 줄 알고, 목표를 향해 구성원들을 독려하며, 필요한 경우 어려운 결정을 내릴 수 있는 능력을 포함한다. 추진력이 부족한 리더는 결단력 없이 조직을 방치하거나, 제때 방향을 잡지 못해 타이밍을 놓칠 수 있다.

반면, 경청의 태도는 조직 내 다양한 의견을 이해하고, 갈등을 조율하는 데 필수적이다. 구성원 각자의 목소리를 듣고, 그들의 생각을 인정하며, 필요하다면 자신의 의견을 수정하는 유연함도 포함된다. 경청 없는 추진력은 독단으로 흐를 수 있는데, 그렇다고 경청에만 치우치면 조직은 느려지고 무기력해질 위험이 있다.

리더의 일은 끊임없는 선택의 연속이다. 때로는 구성원들의 의견을 따르는 것이 더 나은 결과를 가져올 수도 있고, 조직 전체를 위해 리더 자신의 비전을 강하게 밀어붙여야 할 때도 있다. 이런 선택의 순간마다 추진력과 경청의 태도 중 어디에 무게중심을 두고, 얼마나 성숙하게 활용하느냐가 리더의 역량을 결정짓는다고 본다.

결국 리더십이란 이 두 축의 균형을 찾아가는 과정이다. 추진력으로 조직의 방향을 정하고, 경청의 태도로 팀을 하나로 묶어낼 때, 진정한 리더십이 빛을 발한다. 이 단순한 공식은 복잡한 상황 속에서도 리더가 길을 잃지 않도록 돕는 나침반과도 같다.

Chapter 1

리더십이 뭔지는 잘 몰라도

추진력의 근원, 젊은 시절의 작은 성공은 인생의 자산이다

☀ 젊은 시절에 성공의 경험을 잠시나마 했다는 건,

어린 시절의 나는 경제적으로 어려운 환경에서 자랐다. 성공이라는 단어는 나와는 먼 이야기 같았다. 하루하루를 성실히 버텨내는 것, 그것이 나에게 주어진 삶의 전부였다. 그러던 내게 작은 성공은 처음으로 자신감을 심어준 중요한 전환점이었다.

29세의 젊은 나이에 나는 '봉창이 칼국수' 프랜차이즈 외식 사업을 시작했고, '몽돌이 칼국수', '해우 샤브샤브', '김정택 대가 면가' 등 자체 브랜드를 성공적으로 만들어 낸 외식사업가로 자리 잡았다. 젊은 시절 출발치고는 괜찮은 출발이었다고 생각한다.

이 중에서도 '봉창이 칼국수'라는 브랜드로 60개 점포를 오픈시킨 경험과 함께, 단독으로 직접 이름을 지어서 런칭한 '해우샤브샤브'가 유독 기억에 남는다. '봉창이 칼국수'의 경우엔 '조방낙지'와 '명동 손칼국수'에서 실장으로 지낸 뒤 아는 분들과 함께 프랜차이즈 사업에 뛰어든 경우라면, '해우샤브샤브'는 나 스스로 사업가로 홀로서기를 한 데뷔작이라 할 수 있다. 그 순간이 내게 가져다준 뿌듯함과 의미는 결코 작지 않았다.

음식 재료를 납품받을 곳을 일일이 선정하고, 수시로 새벽시장을 돌며 신선한 재료를 물색하던 순간이 떠오른다. 그때의 모든 순간은 작은 희망과 도전의 연속이었다. 그렇게 오직 성공 열망에 가득한 채 해운대에 1호점을 오픈했을 때 돈을 청소기로 빨아들이듯 벌었다.

처음으로 월 순수익이 1,000만 원을 넘겼을 때는 말로 표현할 수 없는 기쁨을 느꼈다. 대단하게 큰 숫자는 아니었지만, 당시에 큰 성취감을 안겨주었다. 그러다 기하급수적으로 매출이 높아졌고 재료비와 임대료를 제외하고도 꽤 괜찮은 수익이 남은 덕분에, 그 수익으로 사업을 확장할 수 있었다. 이런 변화를 직접 만들어가는 과정은 큰 만족감을 주었고, 더 나아가 "어떤 일이든 내가 해낼 수 있다"는 식의 자신감도 커졌다.

이 작은 성공은 단순히 금전적인 결과 이상의 의미를 남겼다. '할 수 있다'는 자신감의 출발점이 되어주었고, 실제로 이후에도 선택의 기로에서 과감하게 일을 추진하는 근거가 되었다.

물론 어려움이 없었던 것은 아니다. 1년 뒤 광우병 문제로 부산 서면에서 촛불집회가 열리면서부터는 첫 고난이 찾아왔다. 오전에 손님이 한 테이블도 오지 않는 날이 길어졌다. 도무지 상황이 나아질 기미가 보이지 않았다. 매출은 없는데, 매일 나가야 할 돈은 머릿속으로 계산되었다. 장사를 할수록 계속 손실이 나는 상황으로, 하루에만 인건비 포함 50~100만 원이 적자 상태였다.

하지만 움츠러들거나 도망가지 않고 오히려 더 과감한 선택을 한다. 답답한 그날에도 도무지 답을 찾을 수 없어서 무작정 차를 몰았고, 고속도로로 차를 올려 아무 생각 없이 바람을 쐬었다. 그러다 이른 곳이 장유의 '율하'라는 곳이었다. 지금은 신도시로 부상했지만, 당시에는 허허벌판이었는데, 높은 건물이 없으니 전체가 한눈에 보였다. 누구라도 그런 곳을 반기지는 않을 텐데, 무슨 바람이 불었는지, 식당을 찾으려고 돌아다니다가 '임대'라는 종이가 1층 유리에 붙은 것을 발견하고는 멈추어 섰던 것이다.

성공 직감이 들었고, 장소야 어떻든, 해낼 수 있는 자신감이 있었다. 그래서 주인에게 바로 전화를 걸어서 세를 놓으시냐고 물었고, 두 시간 전에 가게를 보고 갔던 '춘천 닭갈비' 사장님보다 앞서서 가게를 계약해버린 것이었다. 말 그대로 일을 후다닥 해치웠는데, 인테리어 공사까지 일사천리로 진행한다. 이 가게가 '해우샤브샤브' 2호점이었다. 당시 차로 근처 아파트까지 7~10분 거리에 주차 공간도 넉넉해서 승산이 있다고 보았고, 그게 적중한 셈이다.

문제는 가게를 알리는 것이었지만, 음식 맛에는 자신이 있었고, 허허벌판에 풍선을 띄워서 가게의 위치를 알리는 전략으로 주변 거주민들에게 눈도장을 받아내는 데 성공했다. 당시에 생각하고 계산하느라 시간을 보냈다면, 2호점은 뒤로 미뤄야 했을 것이고, 성공의 결과도 장담할 수 없었을 것이다. 이는 과감한 추진의 좋은 사례였다고 생각한다. 중간 관리자라면 여러 단계의 결재가 필요하겠지만, 내 판단에만 책임지면 되는 오너였기에 가능한 추진이었다. 그리고 그 뒤로도 사업을 확장해갔고, 작은 성공을 실속 있게 다져나갔다.

이러한 작은 성공의 결과물이 지금까지 지속되는 건 아니지만, 그렇다고 초라하지는 않았다고 생각한다. 더구나 그것은 노력한 만큼 결실을 맺을 수 있다는 믿음을 심어준 경험이었다. 그 성공은 처음으로 "안 되는 것은 없다. 될 때까지 하면 된다"는 자신감을 얻는 계기가 되었고, 더 나아가 도전을 두려워하지 않는 사람이 될 수 있도록 만들어주었다.

이 경험은 지금도 내 삶의 원동력으로 남아 있다. 작은 성공은 단순히 결과로 끝나는 것이 아니라, 그 과정을 통해 나 자신을 돌아보고, 내가 무엇을 위해 일하고 있는지 확인하게 만드는 중요한 계기였다. 그리고 그러한 자신감은 앞으로도 새로운 도전을 마주할 때마다 가장 든든한 기억의 버팀목이 되어줄 것이다.

☀ 어린 시절의 기억, 꾸준한 인내의 원천이자 성공 욕구의 뿌리

처음 리더의 책임감을 어렴풋이 배운 곳은 집이었다. 여섯 살 때 아버지가 불의의 사고로 크게 다치신 후, 할머니 손에 자라던 시절 경제적으로 어려웠다. 우리 가족은 힘들었지만, 그런 상황에서도 서로를 의지하며 살았다. 할머니는 가족의 중심에서 항상 우리를 보살폈고, 아버지는 몸이 불편함에도 어떻게든 가족에게 도움이 되고자 노력하셨

21

다. 나 역시 하루 빨리 커서 할머니와 아버지에게 효도하고 싶은 바람이 간절했다.

가족 안에서 당장에 도움을 주지는 못하더라도, 어른이 되면 돈을 많이 벌고 싶었다. 그렇게 나는 리더가 뭔지도 모르면서 가족을 책임지고 싶다는 감정을 조금씩 배워갔다. 그러다 보니 어린 나이에도 해야 할 일을 스스로 찾아냈고, 어떻게든 가족을 위해 최선을 다하려 노력했다. 가족을 위해 책임을 지고, 무엇이든 스스로 해결하려 했던 경험이 리더십의 첫 토대가 되었던 것 같다.

이때 꾸준함과 인내라는 단어는 내 삶을 설명하는 데 있어 빼놓을 수 없는 핵심이다. 이 역시 어린 시절의 어려운 환경에서 비롯된 것이 아닐까 싶다. 내 어린 시절은 밝거나 화려한 기억과는 거리가 멀었다. 큰 수술을 여러 번 하셨던 아픈 아버지를 부양하고, 평범한 가정을 이루고 싶었다. 떠나신 어머니에 대한 기억 때문에라도 안정적인 가정의 가장이 되고자 했다. 경제적으로 어려운 집안에서 자라며 가족을 지키고 책임져야 한다는 다짐은 어릴 때부터 자연스럽게 품게 된 가장 큰 목표였다. 돈을 벌고 싶었고, 그 어떤 것도 쉽사리 포기할 수 없었다. 이런 환경에서 무엇보다 가족이 우선이라는 생각을 하게 되었고, 그걸 위해서라면 무엇이든 꾸준히 성실히 하고 참는 법도 배워야 했다. 나약해서는 안 되는 처지였다. 아무나 붙잡고 하소연할 수도 없었으므로, 안으로 참는 법을 길렀다. 묵묵히 버티는 습관이 생겼다.

그러한 성향은 이후 삶의 전환점이 되었던 동대문 시장 시절에도 이어졌다. 커튼 장사를 통해 돈을 좀 만졌고, 25살쯤에는 다시 부산으로 내려와 '서울깍두기' 주방에 들어갔다. 그 시절 주방은 군대보다 힘든 곳이었다. 며칠 일해보고는 그 일이 얼마나 고된 것인지 금세 깨달을 수 있었다. 주방장은 매일같이 나를 단련시키는 듯했다. 작은 실수 하나에도 그는 엄격했다. 칼에 손을 베여 피가 엄청나게 나는데도, 그래서 지혈을 하고 있는데도, 주방장은 봐주지 않았다. 손을 다쳐서 지금은 어렵다고 해도, 그의 명령은 무심하고 간결했다. 그저 "고무장갑을 끼고 일을 하라"는 말이 다였다.

그 말은 마치 이런 의미처럼 들렸다.

'네가 만드는 음식은 손님의 하루를 바꿀 수도 있어. 대충할 거면 그만둬.'

어쨌든 주방장의 혹독한 태도를 보면서 마음을 다잡았다. 처음에는 왜 이렇게까지 깐깐한가 싶었다.

하지만 시간이 지나면서 그의 말이 단순히 나를 나무라기 위한 것이 아니라, 주방의 일원으로서 느껴야 할 책임감을 가르쳐주려던 것임을 알게 되었다. 그리고 놀랍게도 지점 오픈 때 주방장이 나를 새로운 지점으로 추천했던 것이다. 나를 싫어하는 줄 알았는데, 정말 뜻밖이었다.

"네가 언제까지 버틸 수 있는지 보려고 계속 괴롭혔다."

그렇게 나를 단련시키고 있었고, 버텨준 내게 고맙다는 말까지 해주던 때가 아직도 기억에 선명하다. 심지어 주방장만의 레시피를 건네주시면서 다른 사람 눈치 보지 말고, '내가 주방장'이라는 생각으로 온전히 주방을 혼자 운영해보라는 제안까지 해주셨던 것이다. 당시 리더에게서 권한 위임을 받은 인상적인 경험이었다.

이처럼 꾸준함과 인내는 내가 처음으로 작은 성공을 만들어내는 데 중요한 밑바탕이 되었다. 이것이 바탕에 깔리지 않으면 추진을 시도하든 경청을 시도하든, 한두 번 해보고 포기하게 될 텐데, 대개 큰일은 한두 번에 되는 경우가 드물다. 그래서 꾸준함과 인내가 중요하다.

그것을 통해서 꿈에 현실성을 부여하면서 직접 실현하는 사건이 가능했다. 추진력의 펀치만큼이나 인생에서 예상치 못하게 날아드는 카운터 펀치에 견디는 맷집 덕분에 꼿꼿이 버틴 채 이루고자 하는 인생의 목표를 바라볼 수 있었다. 그렇게 매일 반복된 노력을 통해 가족을 위한 다짐을 조금씩 현실로 만들어갔다.

20대 시절부터 꾸준함과 인내로 이루어낸 작은 성공은 단순한 성취 이상의 의미로 나에게 다가왔다. 그것은 앞으로 내가 어디로 나아가야 하는지를 보여주는 '나침반과 같은' 소중한 자산으로 남아있다.

과감하게 추진하는 결단력과 오너의 리더십

☀ 되겠다는 직감이 들면 바로 실행하는 스타일

사업 초기, 나는 직감이 들면 바로 실천해보는 스타일이었다. 주어진 상황을 깊이 따져보기보다 눈앞에 보이는 가능성을 붙잡아 실행으로 옮겼다. 지금 돌아보면 무모했던 순간도 있었지만, 그 시절에는 그 과감함이 가장 큰 장점이자 무기였다. 오너로서 의사결정을 최소화하고 발빠르게 행동할 수 있었던 덕분에 위기 속에서도 기회를 찾아낼 수 있었다.

첫 번째 가게를 열었던 초기에는 자본도 경험도 부족했지만, 직감하나로 승부를 걸었다. 그런가 하면 앞서도 말했지만, '해우샤브샤브' 2호점을 열 때도 드라이브를 하다가 우연히 본 '임대'라는 팻말을 보고는 일을 과감히 추진했다. 그 공간은 유동 인구가 적은 위치였지만, 오히려 기회로 보였다. 전혀 계획에 없던 일이었지만, 공간을 보자마자 "여기라면 성공할 수 있겠다"는 생각이 들었다. '즉흥적 성격'이라고 할 만큼 직감을 믿었고, 당시에는 좋은 성과로 되돌아왔다. 첫 달 매출은 예상을 뛰어넘었고, 단골손님들이 생기기 시작했다. 입소문을 통해 손님들이 하나둘 늘어갔고, 그중에는 멀리서 찾아오는 사람도 있었다. 이후 내판단에 상당한 자신감이 생기기 시작했다.

그 시절의 나는 직원들보다 성공 경험이 더 많았다. 실제로 그 경험은 나를 믿게 만드는 원동력이었다. 직원들에게 의견을 묻기보다는 내 직감과 판단으로 빠르게 결정을 내리고 실행에 옮기는 것이 오히려 효과적이었다. 리더로서의 내 강점은 바로 이런 과감함과 즉각적인 추진력이었다. 직원들이 내 행동을 보고 믿고 따라와 주었기 때문에, 작은 조직에서는 이러한 방식이 통했다.

물론 지금에 와서 돌아보면 그때의 방식이 항상 이상적인 리더십은 아니었음을 인정한다. 그럼에도 불구하고, 초기 사업 시절의 이러한 과감한 추진력과 결단력은 지금의 나를 있게 한 중요한 밑거름이었다. 당시에는 내가 이끄는 조직이 작았고, 과감한 리더십도 가능했던 것이다. 더구나 결과적으로 성공으로 이어지던 시절이었다.

위기 속에서 기회를 발견하는 능력, 빠르게 판단하고 행동으로 옮기는 과감함, 그리고 자신감. 이 모든 것은 나에게 성공의 문을 열어주었고, 동시에 자각하지는 못한 채로 리더로서의 첫 발걸음을 내딛고 있었다. 그 시절 결단력이 없었다면, 지금의 나는 아마도 다른 길을 걷고 있었을지도 모른다.

☀ 오너로서 목표를 설정하는 시절

당시 나는 단순하고 직관적인 목표 설정으로 추진력을 발휘하며 성과를 내는 데 익숙했다. 직감을 믿고 빠르게 결정을 내리며, 목표를 설정하는 데 복잡한 계산이나 분석에 의존하지 않았다. 오너로서의 판단은 간결하고 명확했다. 내가 설정한 목표와 실행 방식이 성공으로 이어지면 좋은 것이고, 그에 대한 성과만큼이나 책임도 전적으로 내 몫이었다. 이러한 리더십 방식은 작은 조직에서 특히 효과적이었다. 의사결정 과정이 간단하고 빠르게 진행되었기 때문에 추진력에서 오는 긍정적인 결과를 빠르게 얻을 수 있었다.

예를 들어, 새로운 사업장을 열기로 결정했을 때, 장기적인 시장 분석이나 복잡한 계산에 시간을 할애하지 않았다. 주주나 직원을 설득할 필요도 없었다. "이 지역에서 성공할 가능성이 높다"는 직감을 기반으로, 개괄적인 예상 매출이나 고객 수와 같은 기본적인 숫자를 참고하며, 목표를 간단히 설정한 후 바로 실행에 옮겼다. 이 과정에서 한계를 뛰어넘고자 하는 강한 의지가 더해지며 추진력은 배가되었다.

그러나 이러한 리더십 방식에는 분명한 리스크가 있었다. 단기, 중기, 장기적인 구체적인 목표 설정이 생략되면서, 사업이 예상대로 흘러가지 않을 경우 리스크를 감수해야 하는 상황이 발생할 수 있었다. 잘못된 판단의 대가는 오너가 감당하면 된다지만, 그렇다고 직원들에게 영향이 없는 것도 아니었다. 그들에게 권한은 없지만, 추진 결과의 영향은 받기 마련이었다. 쉽게 말해, 사업에 실패하면, 직원은 직장을 잃을 수도 있었다. 그렇다고 주주처럼 반대할 명분도 없다.

그래서 직관적이고 과감한 목표 설정은 초기에는 효과적이지만, 조직이 점차 커지고 복잡해질수록 이러한 방식은 불확실성의 리스크를 키우는 요인이 된다. 특히 직원들에게 명확한 비전과 목표를 제시할 수 없던 점이 문제로 나타났다. 목표는 머릿속에만 존재했으며, 직원들은 내가 시키는 일을 따라야 했다. 물론, 초기에는 간결함과 명확함 덕분에 큰 저항 없이 진행될 수 있었다.

하지만 직원들이 목표에 공감하지 못하거나 자신들의 역할을 스스로 정의하지 못한 채 수동적으로 움직일 경우, 그 조직 문화는 점차 조직의 성장에 장애물이 된다. 리더가 직접 모든 목표를 설정하고 이를 강력히 추진할 수 있는 작은 조직에서는 문제가 없었지만, 이해관계가 얽히고 다양한 의견이 필요한 큰 조직에서는 이러한 방식이 한계를 드러냈다.

나는 당시의 방식이 판단의 간결함과 추진력의 산물이라고 생각했지만, 돌이켜보면 내가 터득한 리더십의 부족한 부분이 담겨 있었다. 목표를 설정하고 실행으로 옮기는 과정에서 계산을 간소화하는 것은 빠른 결정을 내리는 데는 유리했지만, 리스크를 높이는 원인이 되었다. 조직이 커질수록 목표 설정은 더 구체적이고 체계적으로 진행될 필요가 있었다. 단기적인 성과에만 의존하지 않고, 중기와 장기적인 비전까지 고려하여 신중히 목표를 설정하는 작업이 중요하다는 사실을 큰 조직에 와서야 깨닫기 시작했다.

그럼에도 불구하고, 사업하던 시기의 경험으로 리더십의 중요한 한 축을 배울 수 있었다. 리더십은 단순히 복잡한 계획과 계산의 산물만은 아니라는 점이다. 때로는 직관과 과감한 결단이 필요한 순간이 있다. 다만 큰 조직에서라면 그 결단이 조직 전체에 미칠 영향을 고민하고, 구체적인 목표와 숫자를 바탕으로 조직원과 주주를 설득하며 실행 계획을 세우는 과정이 더해져야 지속 가능하고 안정적인 성과를 낼 수 있다.

☀ 오너만 뛰어나면 오너만 고생한다

과감하게 추진하는 오너의 리더십은 작은 조직에서 매우 효과적이었다. 직원들이 일사불란하게 내 지시를 따르고, 내가 직접 모든 일을 주도하며 문제를 해결하는 동안, 성과는 빠르게 나타났다. 그러나 시간이 지나며 사업이 확장되고 조직이 커지자, 이 방식의 한계가 서서히 드러나기 시작했다.

사업 초기에는 내가 가장 많은 성공 경험을 가지고 있었고, 직원들보다 더 뛰어난 판단을 내릴 수 있다고 믿었다. 실제로 어느 정도 그것도 사실이었다.

그래서 직원들에게 업무를 맡기는 대신, 모든 세부적인 일에까지 직접 관여했다. 재료 구매, 매장 인테리어, 메뉴 개발, 고객 응대까지 내가 주도하지 않는 일이 없었다. 그러나 이러한 방식은 사업이 확장되면서 조직의 정체를 불러왔다. 직원들에게 권한을 위임하지 않고, 모든 것을 직접 챙기려다 보니 결국 시간과 에너지가 한계에 다다랐다.

문제는 단순히 에너지의 소진만이 아니었다. 나를 중심으로 돌아가던 조직은 점점 수동적으로 변했다. 처음에는 직원들이 내 지시를 따르며 일을 처리하는 것만으로도 충분했다. 그러나 시간이 지나면서 그것만으로는 불충분했는데, 이미 스스로 생각하거나 문제를 해결하려 하지 않았다. "사장님이 정하겠지"라는 분위기가 퍼지면서, 직원들의 창의적 가능성은 점점 사라졌다. 직원들은 오로지 지시받은 일만 수행했고, 새로운 아이디어나 개선 방안을 제안하지 않았다.

한 번은 한 직원에게 "이 문제를 어떻게 해결하면 좋겠냐?"고 물었더니, 그는 잠시 망설이다 이렇게 대답했다.

"사장님께서 정하시는 대로 하겠습니다."

그 순간 작은 충격을 받았다. 그가 내게 전적인 신뢰를 보냈다는 말처럼 들릴 수도 있지만, 사실은 그 반대였다. 내가 모든 결정을 내리던 것 때문에 직원들은 스스로 판단할 기회를 빼앗긴 것이었다.

결국 이러한 방식은 조직 전체에 걸림돌이 되었다. 현장에서 발을 동동 구르며 모든 문제를 해결하려 노력할수록, 직원들은 점점 더 나를 의존하게 되었고, 조직은 점차 비효율적으로 변했다. 문제는 바빠질수록 직원들에게 더 많은 권한을 맡겨야 했음에도, 맡기지 못했다는 데 있었다. "내가 아니면 이 일을 제대로 할 수 없다"는 생각 때문이었다. 그리고 그 생각 탓에 오너는 스스로 힘들어지고, 조직의 성장에도 제동이 걸렸다.

이 과정에서 깨달은 것은 명확했다. 아무리 뛰어난 판단력을 가지고 있어도, 조직이 한 사람에게 의존한다면 지속 가능하지 않다는 점이었다. 상사는 직원들을 믿고, 그들에게 권한을 주어야만 했다. 자신보다 더 뛰어난 능력을 가진 직원이 없다며 끝까지 모든 일을 떠안고 있다면, 결국 조직의 성장은 정체될 수밖에 없었다. 내가 모든 결정을 내리는 것은 초기 단계에서는 효과적일지 몰라도, 지속 가능한 리더십으로는 한계가 있었다.

리더로서의 역할은 단순히 지시하고 통제하는 게 아니라, 직원들이 스스로 성장할 기회를 주고, 조직 전체가 유기적으로 움직일 수 있도록 만드는 것이었다. 오너의 확신과 직감이 강하게 반영되는 리더십은 초기에는 성공을 가져올 수 있지만, 그런 면에서는 부족한 면이 있을 수 있다. 전적으로 오너의 개방성에 따라 달라지는 것이기 때문이다. 특히 창의성이 억눌리고, 조직 전체가 수동적으로 변하는 순간이 온다면, 그것은 단순히 나의 한계를 넘어 조직 전체의 문제로 이어질 수 있다.

이 깨달음은 쉽지 않은 과정에서 얻어진 것이었다. 리더십이란 혼자 모든 일을 끌고 가는 것이 아니라, 구성원들이 스스로 생각하고 행동할 수 있는 환경을 만들어주는 것을 뜻했다.

두 가지 실수, 알던 분야에 투자하지 않았고
사람을 너무 믿었다

☀ 동물적인 직감의 뛰어난 추진력도 자기 분야를 넘어서면

추진력은 때로 칼처럼 예리하고 강력한 도구가 된다. 특히 내가 사업을 시작했을 때, 추진력은 나의 가장 큰 무기였다. 목표를 정하면 즉각 실행으로 옮겼고, 빠른 결단으로 성과를 만들어냈다. 주변의 반대나 조언에 크게 귀 기울이지 않고, 오직 직감과 판단에 의존했던 시절이었다. 성공은 확신을 키웠고, 내 방식이 옳다고 믿게 했다. 하지만 시간이 지나면서 이 모든 성공 뒤에는 놓치고 있던 중요한 부분이 있었다는 것을 깨달았다.

내가 모든 것을 통제하고 책임질 수 있는 환경에서는 과감한 결단과 실행력이 곧 성공으로 이어졌지만, 내가 익숙하지 않은 영역으로 발을 넓히면서 상황은 달라졌다. 내가 알지 못하고 장악할 수 없는 분야에서는 추진력이 오히려 독이 될 수 있었다. 그리고 그것은 지나친 믿음에 따른 실패이기도 했다.

그때 나는 내 사업을 안정적으로 운영하던 상황이었고, 돈 5천만 원 빌려줄 때도 의리 하나 믿고 입금해주던 때였다. 그리고 약속했던 석 달 후 1억 원으로 갚은 친구는 곧 토토 사업에 투자하자는 제안을

했다. 그의 설득력 있는 설명을 듣고 투자할 종목의 성장 가능성에 금세 설득되었다. 자체 조사가 부족하다는 것을 알면서도, 그를 믿었다. 결국 직감에 의존해 가게 여섯 개를 정리하여 직원들에게 싼 가격으로 넘기고, 그렇게 마련된 7억 원 상당의 자금을 투자했다. 당시에는 이 결정을 의심하지 않았다. 추진력과 신뢰가 모든 걸 해결할 것 같았다. 하지만 결과는 실패였다. 준비 부족, 시장조사의 부재, 해당 분야에 대한 무지로 인해 큰 손실을 보았다.

이 실패는 단순히 돈을 잃었다는 문제를 넘어, 리더십의 한계를 직면하는 계기가 되었다. 익숙하지 않은 영역에서는 직감도, 추진력도 불완전할 수 있다는 사실을 뼈저리게 깨달았다. 이는 마치 요리를 모르는 요식업 사장이 요리사를 제대로 통제할 수 없는 것과 다를 바 없었다.

토토 사업 투자의 실패로 직감의 한계는 명확히 드러났다. 특히 익숙하지 않은 분야에서는 직감만으로 의사결정을 내리는 것이 얼마나 위험한지 깨달아야 했다. 문제는 내 판단이 틀렸을 때, 이를 막아줄 수 있는 체계나 사람들이 없었다는 점이다. 당시 조직은 나의 결단과 추진력에 지나치게 의존하고 있었다. 여기에 더해, 내가 모든 위기를 혼자 해결하려 했던 방식도 문제였다.

이 경험을 통해 나는 리더십이 단순히 빠른 결단과 실행력이 아니라는 사실을 배웠다. 리더의 직감이 틀릴 때, 그 실수를 보완하고 함께 해결할 수 있는 시스템과 조직 문화를 만드는 것이 진정한 리더십이었다.

즉, 리더십에는 추진력만큼이나 숙고하는 과정과 경청하는 단계가 필요하다. 묵혀야 한다. 묵히면서 찬찬히 음미해야 한다. 그 당시 결정을 내릴 때는 데이터를 분석하거나 주변 의견을 깊이 듣는 과정을 간과했다. 오히려 '잘못된 대상에 대한 지나친 신뢰'와 '과감한 추진력'이 나를 위험으로 몰아넣었다.

그렇다고 리더십에서 추진력을 완전히 포기할 수는 없지만, 추진력을 제어할 브레이크가 필요했던 것이다. 추진력과 신뢰 뒤에는 반드시 검증과 숙고가 따라야 한다. 내가 모든 것을 알 수 없다는 사실을 인정하고, 다른 사람의 의견을 듣고 팀워크로 부족한 부분을 채워나가는 것, 그래야만 리더로서 성장할 수 있다고 생각한다.

리더도 실패를 완전히 피할 수는 없지만, 실패의 확률을 줄이는 방법은 있는 것이다. 아는 분야에서도 실수는 불가피하다는 것을 인정하고, 모르는 분야에서는 더 철저히 준비하고 검증해야 한다. 또한 주변의 조언을 귀담아듣고 데이터를 분석하는 과정을 습관화해야 한다.

나는 투자 실패를 통해 리더로서 아주 극심한 성장통을 겪었다. 잘 되던 사업을 주저앉힌 셈이었다. 너무도 값비싼 수업이었다. 그렇게 추진력과 신뢰라는 장점이 어떻게 독으로 작용할 수 있는지를 배웠고, 이를 통해 내 리더십을 비판적으로 점검하는 계기가 되었다. 결국, 리더십이란 단순히 성공을 쌓는 과정이 아니라 실패를 통해 배우고 균형을 찾아가는 예술이 아닐까. 모든 사람은 완벽하지 않고, 그렇다면 필연적으로 누구나 처음부터 리더십이 완성되어 있지는 않을 테니까.

지금의 나는 그때보다 더 신중하고, 더 많은 이야기에 귀 기울이려고 노력한다. 추진력은 여전히 내 무기지만, 이제는 숙고와 경청의 자세로 그 무기를 더 예리하게 다듬는다. 성공과 실패를 모두 경험하며 얻은 교훈이었다.

☀ 아는 분야에서도 오너의 직감이 틀릴 때가 온다

나는 강한 추진력을 바탕으로 직감에 따라 행동하곤 했다. 주변에서 반대하거나 우려를 표하더라도, 내 판단을 더 믿는 편이었다. 그러면서도 한때는 모든 것을 통제할 수 있었고, 구성원들은 내 결단력에 의존하며 나를 믿고 따랐다.

그 결과, 몇 번의 작은 성공을 거둘 수 있었다. 사업이 초반의 안정기를 찾을 때까지 추진력은 나의 가장 큰 무기였다. 하지만 시간이 지나면서 그 무기의 이면에 자리 잡은 위험을 깨닫기 시작했다. 성공 덕분에 내 자신감은 커졌지만, 그 이면에는 놓치고 있던 중요한 질문이 숨어 있었다.

"내 판단이 틀린다면, 그 결과는 누가 책임질 것인가? 내가 책임진다고 는 했지만, 과연 온전히 내 선에서 책임을 지는 게 가능한 것인가? 그 결과로 누군가 직장을 잃게 된다면, 그의 미래도 책임질 수 있는 것일까?"

결국 추진력만으로 모든 문제를 해결할 수는 없었다. 나의 방식에는 한 가지 큰 문제가 있었다. 추진력에 지나치게 의존한 결단은 때로 성급하고 불완전했다는 점이다. 돌이켜보면, 이 실패는 단순히 불운이나 외부 요인의 문제가 아니었다. 추진력만을 믿고 데이터를 충분히 검토하지 않았으며, 주변의 말을 경청하지 않은 결과였다. 추진력이 강할수록, 그 한계 또한 커진다.

사실 앞서 언급했듯이 가장 큰 교훈을 얻은 지점은 본업과 전혀 관계없을 것 같던 영역에서 발생한 실패였다. 직접 경험해보지 못한 새로운 분야에 뛰어들 때 직감만으로는 충분하지 않았다. 오히려 직감이 강하면 강할수록 그 이면에서 발생하는 위험을 간과하게 되었다.

심지어 잘 아는 분야에서도 언제든 발생할 수 있는 게 실패다. 사람은 언젠가 실수를 하기 마련이고, 오너도 사람이다. 따라서 언제나 자신의 판단이 맞아 들어가기만 하지는 않는다. 결국 오너의 추진력이 강할수록 크게 실패할 가능성도 생기며, 실패의 정도가 심할 경우 개인의 문제를 넘어서게 된다. 조직의 구조와 문화, 그리고 내가 리더로서 구성원들과 어떤 관계를 형성해왔는지가 모든 결과에 영향을 미쳤다.

그때 나는 깨달았다. 리더십은 단순히 빠르게 결단하고 추진하는 데서 끝나지 않는다. 오히려 리더는 실수를 줄이고, 실수가 발생했을 때 이를 보완할 수 있는 체계를 만들어야 한다. 내가 틀릴 가능성을 인정하고, 그 틀림을 보완할 시스템과 사람을 조직 내에 마련하는 것. 그것이 진정한 리더십의 핵심이라는 것을 그제야 알았다. 오너도 실수한다. 하지만 그 실수를 조직의 성장 기회로 바꾸는 리더만이 진정한 리더로 거듭날 수 있다.

☀ 균형 잃은 경청: 지나친 믿음과 주변의 우려

성공 사례가 쌓일수록 나 자신에 대한 확신은 점점 강해졌고, 타인에 대한 신뢰는 너무 쉽게 경계를 넘어섰다. 신뢰가 지나치면 준비와 검증은 뒷전으로 밀려나기 쉽다. 이는 결국 리더로서의 중심을 잃게 만든다.

토토 사업 투자의 실패는 충분히 예측하고 방지할 수 있는 것들이었지만, 당시에는 그저 '운이 나빴다'고만 생각했다. 내 추진력과 결단력이 문제라고는 결코 받아들이지 않았다.

더 큰 문제는 주변의 우려를 들으려 하지 않았다는 점이다. 투자 결정 과정에서 몇몇 친구들은 준비가 부족하다고 경고했다. 하지만 그들의 의견을 듣지 않았다. 내 판단이 틀리지 않을 거라는 확신이 있었고, 과거의 성공이 이를 뒷받침해준다고 믿었다.

결국, 지나친 신뢰와 경청의 부재는 최악의 조합으로 만나서는 내게 실패라는 아픈 선물을 안겼다. 한쪽에서는 친구의 말에 지나치게 의존하며 내 판단력을 희생했고, 다른 한쪽에서는 주변의 우려를 외면하며 귀를 닫았다. 이 두 가지 극단은 모두 경청의 균형을 잃었기 때문에 벌어진 일이었다. 경청은 단순히 남의 이야기를 듣는 것에서 그치는 게 아니다. 자신의 중심을 유지한 상태에서 적절한 조언을 수용할 줄 아는 능력이야말로 경청의 본질이다.

그런데 친구에 대한 과도한 신뢰로 자기중심을 잃었고, 이는 경청의 미덕을 위반한 수준이었다. 또한, 주변의 우려를 듣지 않았던 건 그동안 과감하게 판단해서 틀린 적이 없기 때문이다. 이는 자기 확신이 과도했던 것이다. 결국 적절한 조언에는 귀를 기울이고, 과도한 신뢰를 삼가며 자기중심을 세워야 하는데, 그러한 균형을 못 잡은 셈이다. 경청의 미덕이 되지 못하고 만 것이다.

그때의 경험은 뼈아픈 교훈을 남겼다. 리더십은 추진력과 신뢰만으로 완성되지 않는다. 성공을 쌓기 위해서는 숙고와 경청이 필수적이다. 리더는 타인의 조언을 어느 정도는 들을 줄 알아야 하지만 그러지 못했다. 또한, 아무리 신뢰하는 사람이라도 준비와 검증 없는 결정을 내릴 만큼 의존해서는 안 된다.

지금의 나는 그때와 달라서 타인의 의견을 귀담아듣되, 지나치게 의존하지 않는다. 내 자신을 믿되, 과도한 확신 탓에 주변의 소중한 조언에 귀를 막는 실수를 저지르지 않으려고 조심한다. 신뢰와 경청, 그리고 나만의 판단력 사이에서 균형을 찾으려 노력한다.

리더십은 한쪽으로 치우치지 않는다. 추진력과 경청, 자기중심을 유지하면서 남을 합리적으로 신뢰하는 조화가 필요하다. 지나친 믿음이 위험한 이유는, 그것이 한 번의 실수로 끝나는 게 아니라 리더의 중심을 잃게 만들기 때문이다. 실패를 통해 배운 교훈 덕분에 훗날 나는 더욱 단단한 리더로 성장할 자산을 얻기는 했다. 실패는 여전히 뼈아프지만.

입은 하나, 귀는 둘

☀ 내가 경험했던 건 '까라면 까라'는 식의 군대 문화였다

사람들은 흔히 경험에서 배우고, 그 경험을 넘어서는 창의적인 지혜는 책이나 롤모델의 삶에서 얻는다고 말한다.

내 경우에는 경험을 강하게 신뢰했다. 그래서 요식업을 시작하며 주방에서 배운 문화를 그대로 이어갔다. 가게 직원들은 오랜 시간 몸에 밴 주방의 군대식 문화를 기준 삼아 움직였다. '까라면 까라'는 건 단순하고 강압적인 방식이었지만, 당시에는 효율과 성공을 보장한다고 믿었고, 실제로 작은 조직에서는 효과를 발휘했다. 리더가 지시하고, 구성원들이 따르는 단순한 구조 덕분에 결과물을 빠르고 안정적으로 만들어내다 보니 이 방식을 바꿔야 할 이유를 찾지 못했다.

특히, 주방에서는 규율이 최우선이었다. 단순반복과 정확한 결과물이 요구되는 환경에서 예측 가능한 방식이 필요했기 때문이다. 음식은 누군가의 입으로 들어가는 것이기에 신선한 재료와 일정한 맛을 유지하려면 엄격한 규율이 필수적이었다. 지시를 내리고, 이를 빠르게 수행하는 군대식 문화는 그러한 환경에 잘 맞았다. 상하관계가 분명했고, 누구도 지시를 의심하거나 질문하지 않았다. 주방에서 배운 규율은 나의 초기 리더십에 큰 영향을 주었고, 작은 조직을 운영할 때도 효과적으로 작용했다.

그러나 보험업계로 전환하며 더 큰 조직에서 다양한 배경을 가진 사람들과 일하게 되었을 때, 그 방식은 더 이상 통하지 않았다. 보험업계는 주방과는 전혀 다른 환경이었다. 고객의 니즈는 단순히 예측 가능한 서비스를 제공하는 것을 넘어 끊임없이 변화하고 있었다. 조직 내부에서도 창의적인 접근과 유연한 문제 해결이 요구되었다. 이때 나는 주방에서 통했던 방식이 오히려 조직의 성장을 방해할 수 있다는 것을 깨닫기 시작했다.

보험업계에서 나는 창의성과 자율성이 조직의 성장을 이끄는 데 얼마나 중요한 요소인지를 배웠다. 그러나 군대식 문화에서는 창의성과 자율성이 자리 잡을 공간이 없었다. 군대식 문화는 구성원들이 스스로 생각하고 행동하기보다 지시를 기다리게 만들었다. 주방에서는 규율과 효율이 우선이었지만, 보험업계에서는 다양한 고객의 니즈를 만족시키기 위해 새로운 아이디어와 접근법이 필수적이었다.

물론 처음에는 예전 방식대로 내가 주도하여 결정을 내리고, 구성원들이 그것을 수행하는 방식으로 팀을 이끌려고도 했다. 그러나 얼마 지나지 않아, 보험업에서는 그런 방식이 조직의 성장을 제한한다는 것을 알게 되었다.

☀ 귀가 둘인 이유를 깨닫기까지

입이 하나이고 귀가 둘인 이유는 '신이 인간에게 말은 적게 하고 다른 이의 말을 더 많이 들으라는 의미로 그렇게 설계했다'는 상상에 이제는 공감하지만, 사업할 때에는 완전히 달랐다. 그때는 귀보다 발이 더 중요하다고 느껴서 무언가를 결심하면 곧바로 움직였다. 일이 생각나면 먼저 발로 뛰어 실행했고, 그 과정에서 나와 구성원들 간의 대화는 일이 진행된 뒤에야 이루어졌다. 내가 옳다고 확신했고, 구성원들은 그저 내 뒤를 따랐다. 귀로 듣는 것은 그다음 문제였다.

군대식 문화에서는 아무도 질문을 던지지 않았다. 그저 리더가 제시한 방식을 따를 뿐이었다. 주방이라는 환경에서는 이 방식이 적합했을지 모른다. 그러나 조직이 성장하고, 더 큰 규모의 업무를 다뤄야 할 상황에서는 한계를 드러냈다.

그건 귀를 닫고 있을 때 보지 못한 것들이었다. 주방에서의 경험을 통해 규율과 효율의 중요성을 배웠지만, 그것만으로는 충분하지 않았다. 리더가 아무리 뛰어난 결정을 내려도, 조직 전체가 그 결정을 수행하는 데 있어 창의적인 참여가 없다면, 성장에는 분명한 한계가 있었다. 구성원들이 단순히 내게 의존하는 것이 아니라 스스로 문제를 해결하고 새로운 아이디어를 제시할 수 있는 환경이 필요했다.

그때 깨달은 것은 명확했다. 리더십은 지시를 내리고 그것을 따르게 하는 데서 끝나지 않는다. 리더는 구성원들의 목소리를 듣고, 그들의 의견이 조직의 방향성에 반영될 수 있도록 해야 한다.

보험업계에서 다양한 사람들과 함께 일하며, 구성원들이 자신의 의견을 내고 스스로 문제를 해결하려는 시도를 할 수 있는 환경이 조직의 성장을 이끄는 데 핵심이라는 사실을 알게 되었다.

조직의 성장과 창의적인 해결책은 구성원들의 자율성과 참여에서 나온다. 리더로서 내가 해야 할 일은 구성원들이 스스로의 역량을 발휘할 수 있도록 환경을 만드는 것이다. 구성원들이 문제를 스스로 정의하고, 해결책을 제시하며, 그것을 실행할 수 있는 구조가 없어는 조직의 성장은 지속 가능하지 않다.

그리고 그러한 환경은 리더가 구성원들의 목소리를 듣고 이를 존중할 때 가능해진다. 나는 입이 하나이고 귀가 둘이라는 단순한 진리를 통해 구성원들과의 소통 방식을 바꿨다. 말을 줄이고, 듣는 시간을 늘리며, 구성원들이 자유롭게 아이디어를 내고 문제를 해결하는 과정을 지켜보았다. 그 결과, 조직은 더 창의적이고 유연하게 변했다.

경청은 단순히 남의 이야기를 듣는 것이 아니라, 상대방의 목소리를 존중하고 그것을 실질적인 실행으로 옮길 수 있는 준비를 하는 과정이다. 그래서 경청은 창의성과 자율성이 조직을 성장시키는 원동력이다. 리더가 귀를 열고 구성원들의 이야기를 들을 때, 조직은 비로소 다양한 관점과 가능성을 통해 새로운 길을 찾을 수 있었다.

지금의 나는 구성원들의 목소리를 듣고, 그들의 의견이 조직의 방향성을 형성하는 데 중요한 역할을 할 수 있도록 노력한다. 입이 하나이고 귀가 둘인 이유는 단순하다. 리더는 말보다 듣기를 통해 더 큰 성장을 이끌어야 하기 때문이다.

나는 더 이상 군대식 문화에 의존하지 않는다. 과거 주방에서 배운 규율과 효율의 중요성은 여전히 소중한 자산으로 남아 있지만, 그것만으로는 부족하다는 것을 깨달았다. 대신 귀를 열어 구성원들의 목소리를 듣고, 그들의 의견이 조직의 방향을 형성하는 데 중요한 역할을 할 수 있도록 노력한다. 좋은 리더십이란 입과 귀, 그리고 발의 균형을 맞추는 것이라고 생각한다.

물론, 세상 모든 문제에 같은 정답이 있을 수는 없다고 생각한다. 사실 사업할 당시에는 그 나름대로 최적화된 방식으로 성공하기 위해 노력했다고 생각한다. 또 그때 부족한 지점이 있었던 만큼, 지금 역시 최적화하려는 시도를 하고는 있지만 여전히 모자란 점이 많을 것이다. 그럼에도 더 나아지기 위해서는 개선의 시도를 멈추지 않아야 한다.

그리고 다행히, 하나의 정답은 없더라도 '정답에 가까운 기준'은 존재하는 것 같다. 상황마다 맞춤형 정답은 조금씩 다르겠지만, 여러 시행착오를 거친 끝에 얻는 노하우는 어느 정도 비슷해진다고 본다. 그래서 존경하는 롤모델들이 살아온 삶은 조금씩 다르더라도 큰 맥락의 성공 비법은 유사한 것이라고 생각한다. 큰 조직에서는 그러한 기준을 수용하고 최적화하며, 조직의 규모와 특성에 맞게 다듬어가는 노력을 지속한다.

이처럼 모든 상황에서 필요한 리더십의 요소는 다를 수 있지만, 내가 경험한 바로는 두 가지는 정답에 가깝게 중요했다.

첫째, 추진하는 힘이다. 일을 과감히 도모해야 할 때는 이것저것 눈치를 보지 않고, 목표를 향해 힘 있게 나아가는 추진력이 필요하다. 이 추진력은 리더로서 자신감의 근거가 되기도 하고, 구성원들에게 신뢰를 심어주는 원동력이 된다.

둘째, 경청의 태도다. 조직이 커지고 다양한 이해관계를 해결하며 함께 나아가야 할 때, 리더는 혼자만의 판단에 의존해서는 안 된다. 다른 사람들의 목소리를 듣고, 그들의 관점을 존중하며, 이를 바탕으로 조직의 방향을 설정하는 것이야말로 리더십의 핵심이다.

이 두 가지는 서로 상충되는 요소가 아니다. 오히려 두 가지가 조화를 이루는 순간, 리더십은 더 큰 힘을 발휘한다. 추진력만으로는 조직을 위기에 빠뜨릴 수 있고, 경청만으로는 과감한 결정을 내릴 수 없다.

나는 추진력과 경청의 중요성을 성공과 실패를 통해 배웠다. 성공은 내게 자신감과 확신을 심어주었다. 하지만 쓰디쓴 실패 덕분에 부족한 부분을 돌아보게 만들었고, 그 부족함이 어디서 비롯되었는지를 깨닫게 했다. 특히, 새로운 직종에서 새로운 사람들과 함께 일하며, 내가 믿었던 리더십의 한계와 가능성을 동시에 경험했다.

그렇게 실패와 성공 모두가 내게 소중한 자산이 되었고, 늘 어제보다 나아진 사람이 되고자 노력한다. 동시에, 어제보다 신뢰받는 리더가 되기 위해 끊임없이 과거의 사례를 현재의 중심에 올려놓고 반성하며 검토한다. 리더십의 목표는 단순히 앞서 나아가는 데 있지 않다. 주변의 목소리를 듣고, 그 목소리를 통해 조직이 나아갈 길을 만들어가는 데 있는 것이다.

리더로서의 나의 목표는 단순하다. 더 나은 결정을 내리고, 더 많은 신뢰를 쌓으며, 조직과 함께 더 멀리 나아가는 것이다. 이것이 내가 과거의 시행착오를 통해 얻은 가장 큰 교훈이자, 오늘의 나를 지탱하는 힘이다.

실패를 잘 받아들이는 방법도 인생을 사는 데 필요하다

☀ 어쨌든 살아가려면 실패를 수용해야 한다

사업을 접은 뒤, 한동안 깊은 좌절에 빠졌다. 매일같이 머릿속에서 실패의 원인을 되짚어보았지만, 결론은 하나였다. 실패한 이유는 나 자신을 과신했기 때문이다. 하지만 그러한 깨달음만으로는 괴로운 상태가 나아지지 않았다. 실패는 경제적인 손실만을 의미하지 않았기 때문이다. 나를 믿고 따라준 사람들, 그리고 가족들에게 느낀 미안함으로 죽고 싶을 만큼 괴로웠고, 스스로를 용서할 수 없었다.

그런 상황에서 나를 붙잡아준 것은 다름 아닌 가족이었다. 어느 날, 나는 아내에게 실패를 고백하며 미안하다고 말했다. 그리고 우리 가족은 다시 똘똘 뭉쳐 재기를 위한 노력을 했다. 나 자신이 무너져도, 나를 믿어주는 사람이 있다는 사실은 다시 일어설 힘을 주었다. 실패를 인정하고 받아들이는 데 시간이 필요했지만, 다시 도전할 수 있는 첫걸음을 내딛게 해주었다.

물론, 실패를 받아들이는 것은 말처럼 쉽지 않다. 실패로 자존감은 무너지고, 모든 것을 포기하고 싶었다. 하지만 어쨌든 살아가려면, 실패를 수용해야 한다. 실패를 안 했다면 모를까, 어쩔 수 없이 실패를 했기 때문이다. 또 대개 삶을 살면서 한두 번쯤 크게 실패하기 마련이다.

그래서 실패를 단순히 좌절의 순간으로만 보지 않기로 했다. 실패는 내가 무엇을 잘못했는지, 무엇이 부족했는지를 돌아보게 만드는 기회였다. 요식업에서 겪은 실패는 내 리더십의 허점을 명확히 보여주었다. 추진력과 결단력만으로는 부족했다. 실패는 내게 경청의 중요성을 가르쳤고, 준비와 검증의 필요성을 일깨워주었다.

나는 실패를 통해 성장했다. 실패는 내 인생의 치명적인 흔들림이었고, 그때의 실패는 결코 잊을 수 없지만, 그것은 나를 더욱 단단하게 만들었다.

나는 실패를 두려워하지 않는다.

정확히 말하자면, 실패를 두려워하지 않기로 했다.

더 정확히 말하자면 실패를 두려워하지 않기 위해 애써 태연하기로 했다.

오히려 실패는 나의 경험과 결합되어, 다음 도전을 위한 밑거름이 된다고 믿기 때문이다.

실패를 수용한다는 것은 단순히 받아들이는 것이 아니다. 그것은 실패를 통해 배운 것을 현재와 미래에 적용하며, 더 나은 내가 되기 위해 노력하는 과정이다. 나는 실패를 통해 부족함을 깨닫고, 다시 일어설 수 있는 용기를 얻었다.

☀ 과거의 영광에 묶여 있어도 안 된다

나는 과거의 영광과 실패를 모두 품고 살아왔다. 요식업에서의 성공으로 자신감이 커졌지만, 그 성공이 모든 문제를 해결해주지는 않았다.

오히려 실패할 때 더 큰 깨달음을 주었다고도 할 수 있다.

물론 한때는 과거의 영광에 매달렸던 적도 있었다. 그런데 시간이 흐르자 그 영광조차도 내게 부담으로 다가왔다. 만일 어떤 일에 실패했다면 과거의 영광은 지나가도록 내버려두는 게 좋은 것 같다. 다만, 그 영광의 그림자처럼 따라붙은 쓰고 단 기억들은 적절히 챙기자. 삶의 튼실한 연료가 될 것이라 믿기 때문이다.

투자 실패 이후, 나는 다시 시작했다. 아파트를 담보로 잡고는 칠전팔기의 자세로 재도전했고, 마침내 다시 시작한 '구이마당 제주고기 전문점'이 얼마 지나지 않아 안정되었다. 장사한 지 6개월쯤 지나 매달 800만 원에서 1000만 원의 수익이 발생했을 때, 나는 실패의 상처를 조금이나마 회복했다고 느꼈다. 그러나 그 순간, 뭔가 허무함을 느꼈다. 단순히 과거의 실패를 만회하기 위해 여기까지 온 것이 맞는가? 이대로 만족할 수 있는가?

더 역동적인 일을 하고 싶었다. 더 많은 돈을 벌고 싶기도 했다. 예전의 실패로 인해 함부로 사업을 확장하거나 위험한 투자를 하는 것은 꺼렸지만, 새로운 기회를 찾는 데는 마음을 열어두고 있었다. 그러던 중, 뜻밖의 기회가 찾아왔다. 보험업계에서 일할 기회였다.

뜻밖의 전환이었다. 인생에서 살아가는 길 자체가 바뀌는 변곡점에 선 듯했다. 그리고 처음에는 그게 상승곡선인지도 알 수 없었다. 모든 게 익숙하지 않은 분야였다. 요식업과는 전혀 다른 환경에서, 전혀 다른 방식으로 일해야 했다. 하지만 얼마 지나지 않아, 보험 설계사라는 일이 나에게 잘 맞는 직업이라는 것을 깨달았다. 나는 고객들과 소통하고, 그들의 니즈를 분석하며, 최적의 해결책을 제시하는 과정에서 충만해지는 것을 느꼈다.

그렇게 보험업으로 전환하며 급격한 전환점을 맞이했다. 물론, 요식업에서 배운 교훈은 사라지지 않았다. 성공의 기억을 내 판단과 자신감의 원천으로 삼았고, 실패의 경험을 소중한 자산으로 활용했다.

철저한 준비와 신중한 추진력, 그리고 주변의 의견을 경청하는 태도가 성공의 필수 조건이라는 것을 알게 되었다. 과거에는 직감과 추진력에만 의존했지만, 이제는 철저한 준비와 경청을 통해 더 안정적이고 신뢰할 수 있는 결정을 내릴 수 있었다.

보험업에서의 새로운 도전은 내게 또 다른 성공의 기회를 열어주었다. 그러나 지금의 나는 더 이상 과거를 되살리기 위해 도전하지 않는다. 대신, 과거에서 얻은 교훈과 새로운 기회들을 결합해 앞으로 나아가고자 한다. 과거를 수용하고 새로운 미래를 만들어가는 과정에서, 어제보다 나은 리더로 성장하고 싶다.

☀ 쓰디쓴 실패를 곱씹으면 성공이라는 달디단 즙이 나온다

실패는 더 이상 두려움의 대상이 아니었다. 오히려 그것은 나를 성장시키는 과정이었고, 다음 단계로 나아갈 길을 보여주는 귀중한 경험이었다. 실패를 통해 배운 교훈들은 내 삶의 회복탄력성을 키웠고, 실패를 단순히 부정적으로 보지 않고 새로운 기회로 전환하려는 태도는 어떤 어려움도 극복할 수 있다는 가능성을 열어주었다.

그리고 성공은 실패와 시행착오를 통해 다져진다. 실패는 성공의 대척점에 있지 않다. 오히려 성공으로 가는 길목에 놓인 중요한 과정이다. 실패는 고통스럽고 좌절을 안겨줄 수 있지만, 그것이야말로 성공의 밑바탕이 되는 중요한 경험이다. 실패를 경험하지 않은 사람은 성공을 이룬 뒤에도 이를 지속적으로 유지하기 어렵다. 실패는 우리가 부족했던 점을 돌아보게 하고, 시행착오를 인생의 필연적 요소로 받아들이게 해 인내심을 키워준다. 이를 통해 다음 단계로 나아갈 방법을 배우게 한다.

마치 동굴을 뚫는 물방울처럼, 한 방향으로 꾸준히 나아가는 작은 노력들이 결국 거대한 결과를 만들어낸다. 실패는 우리를 돌아보게 하고, 앞으로 나아가기 위해 무엇이 필요한지를 스스로에게 묻는 기회를 제공한다.

미국 항공우주국(NASA)의 사례는 실패의 가치를 잘 보여준다. NASA 에서는 실험적인 분야의 전문가를 뽑을 때, 그 분야에서 실패해본 사람을 선호한다고 한다. 그 분야에서 제대로 실패를 경험했다는 것은 단순히 좌절을 맛본 것이 아니라, 그 분야를 깊이 이해하고 새로운 접근법을 고민했다는 증거다. 실패는 그만큼 중요한 자산이며, 그것을 두려움의 대상으로 여기기보다는 배움의 기회로 삼아야 한다.

내게도 실패는 전환점이었다. 추진력에만 의존한 투자의 결단은 나를 깊은 실패의 늪으로 몰아넣었다. 하지만 그 실패를 통해 사전 준비와 경청의 중요성을 배웠고, 실패를 두려워하지 않는 태도를 익혔다.

보험업으로 전환하면서 고객과의 소통 능력, 구성원들과 협력하는 능력, 그리고 신뢰를 기반으로 한 설득력이 예전보다 조금은 나아졌다고 믿는다. 이는 모두 실패의 경험에서 나온 교훈이었다. 시행착오를 겪는 과정에서 생긴 갈등조차도 성장의 일부로 받아들였다. 실패는 나를 무너뜨리지 않았고, 오히려 단단하게 만들었다.

실패를 곱씹으면 성공이라는 달디단 즙이 나온다. 그래서 실패는 가능성의 또 다른 이름이다. 실패의 순간이야말로 진정한 배움의 시간이다. 실패는 우리가 무엇을 잘못했는지 깨닫게 하고, 어떻게 하면 더 나아질 수 있는지를 알려준다.

나는 실패를 통해 얻은 교훈을 미래를 바라보는 프리즘으로 삼았다. 과거를 돌아보며, 현재를 다지고, 내일을 준비하는 데 실패의 경험이 큰 힘이 되었다. 실패는 끝이 아니라, 성공을 위한 새로운 시작이며, 그것이야말로 실패가 가진 진정한 가치다.

❖ 인생에서 경험으로 배운 점

- 젊었을 적에 성공의 경험을 해보는 것이 좋다. 아무리 작은 성공이라도.

- 조직이 커질수록 혼자 과감한 추진을 하는 것은 위험하다. 경청의 미덕을 배우자.
- 꾸준함과 인내는 모든 도전의 기본이다. 근성을 키우기 위해 노력하자.
- 실패했다고 포기하지 말고, 실패에서 배우자.

어쨌든 리더십

그래도 신뢰는 사람 관계의 밑천

☀ 혼자 큰 사람은 아무도 없다

우리는 흔히 성공의 이유를 개인의 능력과 노력에서만 찾으려 한다. 그러나 조금만 돌아보면, 세상에 혼자 힘으로 성장한 사람은 없다는 사실을 깨닫게 된다. 부모의 양육, 선생님의 가르침, 친구와 동료들의 도움 등 누구나 수많은 관계 속에서 지금의 자리에 올 수 있었다. 개인의 능력은 중요하지만, 그 능력을 발휘할 기회를 열어준 것은 결국 사람이었다.

살아가면서도 우리는 수많은 사람의 도움을 받는다. 스승, 친구, 동료, 상사, 고객 등 지금까지 나를 돕고 이끌어준 이들이 없다면 내 인생은 어떤 모습이었을까? 때로는 지나쳤던 작은 인연이 어느 순간 내게 큰 도움이 되기도 한다. 반대로, 과거에 무심코 적으로 돌렸던 사람이 지금 자신의 업무를 평가하는 심사관이 되어 있는 상황을 상상해 보라. 세상은 넓은 듯 좁고, 사람은 언제 어디서 다시 만날지 모르는 법이다.

사람이 살아가면서 불필요한 적을 만드는 것만큼 어리석은 일도 없다. 언제 누구를 어디서 만날지 알 수 없는 게 인생이다. 과거에 무시했던 사람이 치명적인 적으로 등장하거나, 중요한 계약의 결정권자가 될 수도 있다. 관계의 중요성을 간과하고 불필요한 적을 만든다면, 그 후과는 상상하는 것보다 훨씬 더 클 수 있다.

반면, 소소한 신뢰를 쌓았을 뿐인데, 훗날 복으로 찾아오는 경우도 있기 마련이다. 억지로 친해지려고 노력하지도 않았고, 특별히 운명적인 만남도 아니었지만, 성심껏 신뢰를 쌓았다면 뜻밖에 그가 미래의 귀인으로 다가올 수도 있다. 운명처럼 거대하지 않고, 가랑비처럼 소소한 인연도 소중히 여겨야 하는 이유다.

그런 면에서 사람과 사람을 연결하는 것은 신뢰다. 신뢰는 단순한 거래 이상의 가치로, 진심과 존중에서 시작된다. 관계를 쌓을 때 양보다 질이 중요하다. 네트워킹의 중요성을 강조한 책 『후(Who)』에서 저자 이스트먼 보딘은 "수천 명의 연락처를 가진 사람이 정작 중요한 순간에는 평소 모른 척했던 사람에게 도움을 받았다"는 사례를 소개하는데, 이 경우가 관계의 질을 생각할 때 좋은 사례다. 사람들을 많이 아는 것보다, 깊고 진실된 관계를 맺는 것이 더 중요하다.

우리는 종종 멀리서 답을 찾으려 하지만, 진짜 귀인은 가까운 곳에 있는 경우가 많다. "실업자가 골프장 코치와의 인연 덕분에 대기업 임원이 된" 사례 역시 가까운 관계를 소홀히 하지 말아야 할 이유를 보여준다.

이러한 좋은 관계는 내가 먼저 베푸는 데서 시작된다. 누군가의 성공을 돕고, 그 과정에서 내게 돌아올 것을 기대하지 않는 태도가 중요하다.

기버(Giver)는 단순히 주는 것에 그치지 않고, 관계 속에서 신뢰와 존중을 쌓는다.

그리고 이러한 기버의 미덕은 보험업계에도 생각할 거리를 던져준다. 보험은 본질적으로 사람이 하는 일이다. 사람이 고객이고, 사람이 설계사다. 특히, 사람 간의 관계가 중요할 때가 많은 업무 특성을 띤다. 그들이 움직이지 않으면 성과를 낼 수 없다. 이 일에서 가장 중요한 것은 신뢰다. 고객과의 신뢰가 없으면 그 어떤 설득도 통하지 않는다.

물론 꼭 보험이 아니라도, 세상의 모든 일은 결국 사람과의 관계에서 출발한다. 인생에서 완전히 혼자 힘으로만 잘 되는 시간은 그리 길지 않다. 사람을 소홀히 하지 않고, 그들과의 관계를 정성스럽게 이어가는 것은 삶의 품질을 높이는 가장 중요한 방법이다.

결국, 혼자 큰 사람은 아무도 없다. 나는 살아오면서 관계의 중요성을 여러 번 절감했다. 그러니 불필요한 적을 만들지 않으려 하고, 관계를 소홀히 하지 않으려고도 한다. 작은 베풂이 큰 성공으로 돌아오고, 작은 원한이 큰 고통으로 이어질 수 있다.

사람 사이의 신뢰와 관계는 우리의 가장 강력한 자산이며, 이것을 소중히 여길 때 우리는 비로소 혼자가 아닌 함께 성장하는 길을 걸을 수 있다.

살다 보면 가끔은 사람에게 배신을 당한다. 그럼에도 사람을 신뢰해야 한다. 쓰디쓴 배신을 당하더라도, 그 역시 보약이 될 것으로 믿는다. 사람을 신뢰하지 않고는 아무것도 할 수 없다.

살기 위해서라도 사람을 신뢰해야 한다.

웬만한 배신에도 흔들리지 않고, 태연하게 감당할 수 있을 만큼 품이 크기를 바란다. 그래야 더 큰 조직을 이끌 역량이 키워진다고 믿는다.

☀ giving, thanksgiving이데이: 기빙의 미덕은 순환한다

기빙(giving), 즉 베푸는 행동은 단순히 선의를 나타내는 행위가 아니다. 그것은 관계를 만들어가는 중요한 과정이며, 신뢰의 밑바탕이 된다. 그러나 현실에서는 무작정 주기만 한다고 해서 모든 것이 쉽게 풀리지 않는다. 사람들은 본능적으로 타인의 의도를 파악한다. 나중에 그에 대한 과한 보상을 받으려는 마음이 드러난다면 상대방은 이를 간파하고, 신뢰는 깨질 수 있다.

오히려 기빙의 핵심은 자연스러운 관심과 배려에서 나온다. 영업에서도 그저 계약을 따내려 하기보다 상대방에게 시간을 들이고, 그들의 필요를 이해하는 노력이 필요하다. 목표를 정하지 않고도 상대의 삶 속에 녹아들어 자연스럽게 신뢰 관계를 형성하는 것, 그리고 자신에게도 부담이 되지 않을 정도로 무리 없이 베푸는 것이 진정한 기빙의 미덕이다.

그렇게 기빙을 제대로 실천하고 있다면, 그 사람과의 관계는 은근하게 깊어진다. 사람들은 종종 새로운 인맥을 만들기 위해 애쓰는데, 억지로 많은 사람을 아는 것보다, 진정으로 신뢰할 수 있는 관계를 형성하는 것이 훨씬 중요하다. 넓히는 과정이 억지스럽지 않게 폭을 넓힐 수 없다면, 차라리 은근하게 진득한 진실한 관계에 집중하는 것이 좋다. 한 사람이 5,000명 이상의 연락처를 보유하고 있었지만, 정작 중요한 순간 도움을 준 사람들은 그들이 아니라 평소 무심하게 지나쳤던 이들이었다는 사례는 이를 잘 보여준다. 인맥이 넓은 게 별 소용이 없었던 셈이다. 그러니 쉽게 증발할 수 있는 인간관계에 연연하며 보상을 바라기보다는 언제든 은근하게 곁에 있을 신뢰를 구축하는 게 좋다. 가까운 곳에서 귀인도 있는 법이다.

그런데 부담스럽지 않은 선에서 기빙 행위를 은근하게 했다면 기빙은 곧 신뢰를 얻는 행위이자, 자연스럽게 그들에게서 보상도 받을 가능성이 높아진다. 그것에 연연하면 상대도 이를 모를 리 없다. 그렇게 이해타산적인 속마음을 눈치채고 기분이 나빠지겠지만, 상생하고자 하는 신뢰를 바탕에 두고 은근하게 '전략적인 사고와 진심 어린 마음'의 균형을 잡는다면 기빙은 지속 가능해진다. 즉 무작정 베푸는 것은 자칫 과도한 희생으로 이어질 수 있는데, 전략적인 기빙 행위를 통해 상대방에게 부담을 주지 않으면서도 진심이 담긴 행동으로 신뢰를 쌓는 것이 핵심이다. 그러면 이상하게도 그들에게서도 뭔가를 얻게 된다. 때로는 도움을 요청하지 않아도, 그들이 돕고 싶어하는 상황도 생긴다.

♥ 기빙의 실천

- 스스로 부담스럽지 않은 선에서 해야 자연스러워진다. 보상 심리도 생기지 않는다.
- 그래야 받는 사람도 부담스럽지 않다. 하지만 그 기억은 간직하게 된다.
- 이해타산적이지 않으면서 모두가 상생하면 좋겠다는 정도의 가벼운 진심으로 실천한다.

여기서 부담스럽지 않은 은근한 베풂이 중요하다. 주는 행동이 반드시 자기희생으로 이어질 필요는 없다. 기빙이 자기 수준을 넘게 과도해지면, 보상 심리가 생기고, 내 마음을 몰라주는 상대를 원망하는 상황에도 이른다. 그러면 상대도 부담스러워진다. 따라서 진정한 기빙은 주는 사람과 받는 사람 모두에게 부담이 되지 않아야 한다. 상대방에게 필요한 도움을 제공하되, 무리하지 않는 선에서 이루어질 때 그 진심은 더욱 빛난다.

내 경우에 가게를 정리하면서 직원들에게 창업을 간접적으로 지원한 경우를 들 수 있다. 7개의 가게를 정리하면서 인수하려는 직원에게 가게를 싸게 넘겨주고, 그들이 성공하는 모습을 보며 큰 보람을 느꼈다. 이 행동은 단순히 금전적 지원에 그치지 않았다. 직원들이 성공을 통해 자신도 성장한다고 믿었다. 이러한 관계는 신뢰의 기반 위에서 이루어진 기빙의 사례라고 생각한다. 그때는 삶의 흔적을 남기고 싶었고, 나를 믿고 따라준 이들에게 성공의 기회를 나누어주고 싶었을 뿐이다. 그때 나는 그들에게 귀인이 된 것일 수도 있는데, 나중에 그들이 내게도 귀인이 되어줄 것이라고는 미처 예상하지 못했다.

"베풀었을 때 그 사람으로부터 돌아오지 않더라도, 언젠가 다른 형태로 복이 돌아온다고 생각합니다."

그때는 그저 좋은 기운이 모여 서로에게 복이 되어주기를 바랐을 뿐이다.

이처럼 기빙을 실천하다 보면 서로가 서로에게 미래의 귀인이 되는 상황이 발생한다. 그리고 어쩌면 모든 관계의 시작은 먼저 내가 다른 사람의 귀인이 되는 데서 출발한다. 먼저 손을 내밀고 도울 때, 그 행동의 결과는 예상치 못한 방식으로 되돌아온다.

나 역시 직원들에게 기회를 주었고, 그들의 성장이 곧 나의 성과로 이어졌다. 이러한 태도는 단순한 베풂을 넘어, 관계 속에서 더 큰 가능성을 열어가는 원동력이 된다.

물론, 기빙은 금전 관계도 넘어서는 것이어서, 꼭 돈을 주고받는다거나, 구체적인 물질적 지원을 의미하는 건 아니다. 또 그것이 꼭 되돌아오는 것도 아니다. 어떤 때는 기빙 행위 자체가 자기실현을 위한 선택이기도 했다. 예를 들어, 봉사와 같이 마음을 담은 행동은 때로 삶의 의미를 새롭게 만들어준다. 내 경우에도 어려운 시절을 겪었기 때문에 조금

여유로워진다면, 봉사 활동을 하려는 마음이 있었고, 한때 그러한 기빙을 실천하기도 했다. 이는 자선 활동을 넘어서 나 스스로의 삶에 에너지를 불어넣는 원천이었다.

이 역시 부담스럽지 않은 선에서 실천해야 자기만족을 위한 것이 될 수 있다.

어쨌든 이처럼 기빙은 자신이 부담스럽지 않은 선에서 은근하게 상대에게 선의를 표하는 것이므로, 주고 반응이 없으면 바로 끝내는 행동이 아니다. 그래서 감당할 수 있는 범위에서 주어야 하는 것이다. 이를 통해 사람들과의 관계를 풍요롭게 하고, 사람 간의 신뢰를 쌓는 것도 자연스럽고 진중해진다. 받는 사람 역시 나중에 기버를 고맙게 떠올리게 된다.

"giving이 제대로 되면 thanksgiving이데이(추수감사절)!"

신에게 감사하는 시점이 오기도 하는 것이다.

부담 없는 베풂, 먼저 도와주는 태도, 그리고 봉사에서 얻는 에너지는 돌고 돌아서, 자신을 성장시키고, 삶의 의미를 더하게 된다. 그것만으로도 이미 훌륭하다. 그렇기에 이제는 "무엇을 얻을까"보다 "무엇을 줄 수 있을까"를 고민할 때다. 주는 것이 곧 얻는 것이라는 진리를 깨닫는 순간, 우리는 더 나은 세상과 관계를 만들어갈 수 있다. 기빙(Giving)은 관계를 새롭게 하고, 신뢰를 쌓으며, 결국 삶의 풍요로움을 더하는 순환의 미덕이다.

기빙의 은근한 순환으로 신뢰를 쌓다 보면, 기존 관계를 재발견하고 다듬게 된다. "귀인은 늘 가까운 곳에 있다"는 말처럼, 주변의 관계를 소홀히 하지 않는 자세가 필요하다. 그러면서 거기서 조금씩 튼튼하게 확장하는 것이다. 기존의 인맥에서 신뢰를 제대로 쌓았다면 새로운 인맥은 의미 있게 생겨나온다고 믿는다. 그러니 새로운 인맥을 쌓으려 노력하기 전에, 이미 가진 관계를 어떻게 더 깊고 의미 있게 만들 수 있을지 돌아보는 것이 우선이다. 없는 것을 확보하려는 노력보다 있는 것을 소중히 여기는 관심부터 시작해보는 것이다.

☀ 성공하는 기버, 성공하는 리더

애덤 그랜트는 『Give and Take』에서 인간관계와 성공의 관계를 재정의하며, 사람들이 타인과 상호작용하는 방식을 세 가지 유형으로 나눈다. 기버(Giver), 매처(Matcher), 테이커(Taker)라는 세 가지 유형은 우리가 조직과 사회에서 어떻게 행동하고, 서로에게 어떤 영향을 미치는지를 보여준다. 이 개념은 개인뿐만 아니라 조직에서도 신뢰와 협력을 어떻게 구축해야 하는지에 대한 중요한 통찰을 제공한다.

기버: 주는 사람, 신뢰를 만드는 사람

기버는 다른 사람의 성공과 행복을 돕는 것을 우선시하며, 자신의 이익보다 타인의 성과를 위해 기꺼이 베푸는 사람들이다. 예를 들어, 동료의 프로젝트를 도와주거나, 이익을 나누는 데 있어 관대함을 보인다. 기버는 장기적으로 높은 신뢰와 성과를 이루는 경향이 있다.

그러나 기버라고 해서 항상 성공하는 것은 아니다. 때로는 과도하게 베풀다가 자신의 에너지를 소진하거나, 테이커에게 이용당할 위험이 있다. 성공적인 기버가 되기 위해서는 전략적 사고가 필요하다. 자신의 한계를 알고, 무조건적으로 베풀기보다는 진정 도움이 필요한 사람과 아닌 사람을 분별해야 한다.

매처: 균형을 유지하는 사람

매처는 공정성과 균형을 중요시하는 사람들이다. "네가 나를 도우면, 나도 너를 돕겠다"는 상호주의 원칙을 따르며, 도움을 주고받는 관계를 유지하려 한다. 이러한 태도는 직장이나 조직에서 안정적인 관계를 형성하는 데 유리하다.

하지만 매처는 기버처럼 큰 신뢰를 얻거나 테이커처럼 빠른 이익을 얻기는 어렵다. 이들은 조직 내에서 중재자 역할을 하며, 기버와 테이커 사이의 균형을 유지한다. 매처는 신뢰와 공정성을 바탕으로 관계를 발전시키는 데 중요한 역할을 한다.

테이커: 받는 데 집중하는 사람

테이커는 자신의 이익을 최우선으로 두며, 타인의 도움을 최대한 활용하는 데 집중한다. 테이커는 단기적으로 빠른 성과를 낼 수 있지만, 시간이 지나면서 신뢰를 잃거나 관계가 끊어질 가능성이 높다.

특히 테이커가 조직의 리더가 될 경우, 단기적인 성과는 낼 수 있지만, 협력과 소통 대신 개인의 이익을 앞세우는 테이커는 장기적으로 조직의 성장을 저해할 수 있다.

성공적인 기버가 되는 법

애덤 그랜트는 모든 기버가 가장 성공한다고 주장하지 않는다. 대신 효율적인 기버가 장기적으로 더 성공적이라는 점을 강조한다. 그에 따르면, 성공적인 기버는 자신의 에너지를 과도하게 소진하지 않으면서도 테이커로부터 자신을 보호할 수 있는 방법을 안다. 먼저 주어야하고, 가급적 선의로 베풀어야 하지만, 선의를 악용하려는 경우에 대한 냉철한 인식도 있어야 한다고 조언한다. 또 자기 형편을 명확히 인지하여 베풀 수 있는 자기 능력을 알아야 한다. 예를 들어, 10년 만에 연락한 친구에게 사채까지 끌어다가 빌려주는 건 무모한 행위라 할 수 있다. 그와는 소주 한 잔을 기울이면서 아픈 사연을 들어주는 편이 일단 중요할 것이다.

그런 점에서 효율적인 기버는 다음과 같은 특징을 가진다.

1. 자기 보호: 테이커의 요구에 무조건 순응하지 않는다.
2. 관계 형성: 매처들과 협력하여 신뢰와 네트워크를 구축한다.
3. 선택적 기빙: 도움이 필요한 사람과 그렇지 않은 사람을 분별하며, 전략적으로 도움을 준다.

즉, 베풀 수 있는 능력 범위 내에서 선의를 지니고 성심껏 베풀되, 즉각적인 답례를 바라거나 이해타산적으로 계산해서는 안 된다. 하지만 그 범위를 넘어선다면 멈출 줄도 알아야 한다. 상대에게 받을 것을 고려하지 않고, 무언가를 돌려받고자 하는 보상 심리가 생겨서는 안 된다. 그러려면 자신의 모든 것을 내놓는 예수님의 사랑보다는 소소한 기빙의 실천이 중요하다. 작은 선의라 해야겠고, 인간적인 호의 정도에 머물러야 기빙의 현실적인 선의가 실천될 수 있다. 그럴 때 부담 없이 호의를 받았던 사람들이 훗날 자신도 부담스럽지 않은 범위에서 호의를 쉽게 돌려줄 수 있고, 수많은 사람들의 작은 호의가 거대하게 쌓여서 곧바로 기버의 인맥으로 드러난다.

반대로 실패하는 기버는 자신의 희생을 감수하면서까지 타인의 요구에 응하다가 번아웃에 이르거나, 테이커에게 이용당하는 경우가 많다.

기버 리더십의 가치

조직에서 기버는 신뢰를 형성하는 핵심 역할을 한다. 기버가 많은 조직은 협력과 소통이 원활하며, 성과가 꾸준히 상승한다. 반면, 테이커가 기버의 선의를 악용하면 조직 전체가 불균형에 빠질 수 있다. 매처는 이러한 상황에서 균형을 유지하며, 조직 내 공정성과 질서를 지킨다.

기버 성향의 리더는 특히 장기적으로 성공적인 조직 문화를 만들어낸다. 이들은 구성원들에게 신뢰를 심어주고, 스스로 동기부여를 하도록 한다. 또한, 기버는 구성원의 성장을 돕는 데 초점을 맞추며, 조직의 성과를 높인다.

결국, 리더십에서 기버의 태도를 지닌 사람은 장기적으로 더 성공적이다. 기버는 단순히 베푸는 것을 넘어, 전략적이고 효과적으로 관계를 맺는 법을 알고 있다. 효율적인 기버 성향의 리더는 신뢰를 기반으로 조직을 이끌며, 구성원들이 자율적으로 성장할 수 있는 환경을 조성한다. 이는 조직의 장기적인 가치를 높이는 데 핵심적인 역할을 한다. 특히, 기버의 리더십 철학은 냉철한 판단과 따뜻한 마음이 균형을 이룰 때 조직과 사람 모두를 성장시키는 원동력이 될 수 있음을 보여준다.

생각 노트

'기버'의 개념은 '준다'는 것에 대해 내 믿음의 균열이 생길 만큼 상식 밖의 아이디어였다. 현실적으로는 비슷한 생각을 했지만 원론적인 좋은 말에 더 매료되었기 때문이다. 예수님의 사랑처럼 인간의 신뢰 역시 '모든 것을 아낌없이 줄 때' 놀라운 기적이 발생한다고 믿었다. 또한 '기브 앤 테이크'를 해야 하는 사업적 관계가 요즘 당연한 것이다 보니, '똑똑하게 기빙'한다는 것을 신선하게 여겼다.

물론, 사적인 관계에서는 전략적 기빙 역시 좀 인간미 없게 느껴진다. 어떤 식으로든 앞뒤를 재는 것 같은 기분이 들었다. 성격상 그런 것이 좀 맞지 않기도 했지만, 리더라는 자리에 있으면 나만의 무게만 감당해야 하는 것이 아니라는 것을 배우고 있다. 그럴 때 전문가의 의견을 경청하고 조직과 동료와 상생하기 위해 무엇이 더 나은지 숙고하는 계기가 되었다.

☀ 결국 사람이 일을 한다

조직이 커질수록 다양한 배경과 경험을 가진 사람들이 모이게 된다. 당연히 그들 모두가 나와 같은 생각과 마음을 공유할 수는 없다. 심지어 조직의 목표와도 다소 어긋난 생각을 지닌 사람이 있을 것이다. 그러나 결국 조직은 그 구성원들의 노력을 통해 돌아간다. 기계가 대신할 일도 있겠지만, 대부분의 일은 결국 사람이 만들어가는 것이다.

이 과정에서 리더는 선택의 기로에 선다.

'사람들을 일일이 통제하며 조직을 이끌 것인가, 아니면 그들을 신뢰하고 자율성을 부여할 것인가?'

답은 간결하다. 오랜 역사를 통해 알 수 있듯이 지나친 통제와 의심은 한계를 드러낼 수밖에 없다. 구성원의 최대 역량을 끌어내기 위해서는 신뢰와 경청이 필수적이다.

다만, 무조건적으로 남의 말만 들어주어야 한다는 의미는 아니다. 그 역시 추진에 매몰되는 것만큼이나 좋지 않다는 걸 느꼈다. 큰 조직에서 리더로서 경험을 쌓아가다 보니, 냉철한 판단력과 따뜻한 마음의 균형이 중요하다는 사실을 깨닫게 된 것이다. '머리는 차갑게 식히고, 가슴은 따뜻하게 유지하는' 것이 중요한 셈이다. 리더십의 핵심은 구성원들을 통제하는 데 있는 것이 아니라, 그들의 잠재력을 끌어내고 스스로 동기부여의 필요성을 느끼게 하는 데 있다.

이를 위해 가장 중요한 기술 중 하나가 바로 경청이다. 사람들은 자신의 이야기를 할 때, 리더가 경청을 통해 구성원들과 신뢰를 쌓으면,

말하는 사람 역시 자신이 존중받고 있다는 느낌을 받는다. 이는 단순히 관계를 좋게 만드는 것을 넘어, 구성원들이 자발적으로 조직의 목표를 위해 노력하게 만드는 원동력이 된다.

즉, 사람들이 일을 하려면, 사람을 중심에 두어야 하고, 그들이 생각하는 바를 들어야 한다. 이를 위해 리더는 사람을 중심에 둔 조직 문화를 만들어가야 한다. 사람은 기계가 아니므로, 기계적인 목표를 달성하는 도구가 아니다. 그렇기에 정서적으로 그들을 살피고, 그들이 일할 수 있는 신뢰를 구축해야 하는 것이다. 구성원 한 사람 한 사람의 가치를 인정하고, 그들의 성장 과정을 돕는 것이 리더의 역할이다. 이를 통해 조직은 단순한 업무 수행의 공간을 넘어, 구성원들이 함께 성장하고 발전하는 공동체로 변화할 수 있다.

조직의 성공은 하루아침에 이루어지지 않는다. 구성원들과의 신뢰를 쌓고, 그들과 함께 성장해나가는 과정이 반복되면서 비로소 이루어진다.

나는 종종 조직의 성공에 대해 이렇게 정의한다.

"사람 냄새 나는 관계에서 시작된 성공만이 진정한 성공이다."

구성원들과의 신뢰와 협력 속에서 리더는 성장하고, 조직은 단단해진다.

사람은 완벽하지 않다. 때로는 실수하고, 갈등을 겪기도 한다. 하지만 그 안에서 서로를 이해하고 성장한다. 이러한 경험들이 쌓여 조직은 더 따뜻하고 강한 공동체로 발전할 수 있다.

리더로서 내가 중요하게 여기는 것은 조직이 하나의 시스템으로 작동하는 것을 넘어서, 사람들의 이야기가 살아 숨 쉬는 공간이 되는 것이다. 현실적인 성과를 놓치지 않으면서도, 사람을 중심에 둔 따뜻한 조직 문화를 만드는 것. 그것이 내가 꿈꾸는 리더의 모습이다.

궁극적으로 조직의 성공은 사람과 사람 간의 관계에서 시작된다. 구성원의 성장이 곧 조직의 성장으로 이어지며, 그 과정에서 리더 역시 새로운 배움을 얻는다.

생각 노트

개인적으로는 단순하고 간결한 걸 좋아한다. 남자다운 의리를 최고의 가치로 여겼을 때도 있었다. 여러 사람이 섞여 있는 조직에서 리더로 역할을 다하기 위해서 고쳐야 할 지점이 있었지만, 여전히 화끈하게 추진하려 하고, 복잡하게 생각하기보다는 행동을 하면서 고민하려는 때가 있다. 회사 생활 초기에는 그런 면 때문에 구성원과 서로 얼굴을 붉힐 뻔한 적도 있다. 또한, 눈물을 흘리며 상대와 아픔을 감정적으로 함께하는 경우도 있었다. 내 오래된 버릇이라 하루아침에 지우기란 쉽지 않았다.

한때는 이를 개선해야 할 단점으로만 생각했다. 하지만 시간이 흐르면서 깨달았다. 이것이야말로 내 덕목이라고.

그래서 이제는 인간적인 사람으로 중심을 잡으려는 노력을 지속하려고 한다. 조직에서 필요한 리더십의 기술을 꾸준히 배워야 하고, 냉철해야 하는 순간에는 내 역할을 충실히 해야 하지만, 근본적으로는 사람을 정으로 대하고 싶다. 이해관계가 얽힌 공간에서도 인간적인 믿음을 잃지 않고 함께 성공할 수 있기를 바란다.

☀ 함께 일하는 동료와 신뢰를 쌓으려면

진정한 리더십은 구성원들과의 신뢰와 소통 위에 세워진다. 이러한 신뢰는 리더가 먼저 보여주는 진심과 관심에서 시작된다. 부담스럽지 않으면서도 진심이 담긴 태도, 솔선수범하는 모습, 그리고 구성원들의 말을 귀 기울여 듣는 경청의 자세는 리더십의 핵심 요소다.

이때 리더로서 가장 먼저 해야 할 일은 구성원들이 믿고 따를 수 있는 신뢰를 주는 것이다. 신뢰는 단순한 약속이나 말로 형성되지 않는다. 솔선수범하며 믿음을 행동으로 보여줘야 한다. 리더가 이러한 원칙을 고수할 때, 구성원들도 조직 내에서 신뢰와 소통의 중요성을 깨닫게 된다.

신뢰 구축을 위한 행동은 큰 행동에서만 시작되지는 않는다. 오히려 작은 관심과 배려에서부터 그 힘이 발휘된다. 예를 들어 시험 준비 중인 직원들에게 감을 선물하여 그들의 노력을 응원한다고 해보자. 단순한 선물이었지만, 그 진심 어린 관심은 직원들에게 의미 있는 격려가 될 수 있다. 적어도 싫지는 않을 것이다. 실제로 선물을 받은 직원들은 감사와 함께 조직에 대한 책임감을 더욱 강하게 느끼게 되었다고 한다.

또한, 정서적 교류는 조직 내에서 중요한 역할을 한다. 단순한 업무 지시만이 아닌 인간적인 관심과 대화를 통해 구성원들은 자신이 존중받고 있다는 느낌을 받는다. 이때 소통의 노력은 단순히 말을 주고받는 것을 넘어선다. 상대방의 눈높이에 맞춰 그들의 이야기를 경청하고, 그들의 생각을 존중하며 의견을 받아들이는 과정이 포함된다. 리더가 이러한 자세를 보일 때, 구성원들은 자신의 의견이 가치 있다는 믿음을 가지게 되고, 이는 곧 조직의 분위기를 좋은 쪽으로 이끌게 된다. 이처럼 단순한 업무적 연결을 넘어서는 강한 유대감이 형성되면, 조직의 화합을 도모할 수 있다. 사람 냄새가 나는 조직, 신뢰와 소통이 살아 있는 조직. 이러한 조직에서 함께 성장하며 서로에게 에너지를 줄 수 있다. 이는 조직의 역량을 발휘할 토대가 되어준다.

즉 리더로서 먼저 다가가 주고, 관심을 보이며, 구성원들의 이야기를 경청하려는 것은 좋은 덕목이 된다. 이러한 작은 행동들이 쌓여 결국 큰 신뢰를 형성하고, 조직의 결속력을 강화하기 때문이다.

솔선수범과 투명성의 권위

☀ 솔선수범: 리더십의 시작은 행동에서

앞서 언급했듯이, 리더십은 말이 아니라 행동에서 시작된다. 또한 상대에게 다가가기 전에 먼저 자신을 바로 세우는 작업부터 필요하다. 자신이 바로 서야, 상대에게 다가가서 좋은 모습을 보이는 것도 가능해진다. 그리고 자신이 바로 선 모습을 타인에게 보여주는 것은 다름 아니라 행동이다. 말로 아무리 자신을 포장하려 해도 당장 드러나는 행동이 일치하지 않으면 말은 공허해진다. 또한, 자신이 바로 서지 않아 존경과 권위를 얻지 못했는데, 상대에게 다가가 감언이설을 하더라도 신뢰를 얻지 못하고 오히려 의심만 살 수 있다.

즉, 구성원들은 리더의 말이 아닌 행동을 통해 신뢰를 얻는다. 솔선수범은 리더와 구성원 간의 장벽을 허물고, 실질적인 동기부여를 제공하는 가장 효과적인 방식이다. 이는 조직의 성장과 구성원의 자발적인 참여를 이끄는 리더십의 본질이자 핵심이다.

나 역시 "말한 것은 반드시 실천한다"는 철학을 바탕으로 조직을 운영하며 구성원들에게 신뢰를 심어주려고 노력한다. 또한 약속을 지키는 데 그치지 않고, 약속 없이도 스스로 모범적인 행동을 보이려고 신경 쓴다. 내 모습 하나하나가 구성원들에게 기준이 될 수 있기 때문이다. 믿을 수 있고 본받을 수 있는 리더가 되는 편이, 그렇지 않고 성과만 올리라는 리더보다는 낫기 때문이다. 믿을 수 있고 본받을 수 있게 되면, 상사를 넘어 인간적으로 따르고 싶은 마음이 생기기 마련이다. 적어도 내 경우에는 그렇다. 나 스스로도 큰 모습의 선배를 따르고 싶은 마음이 생기기 때문에, 그만큼은 못하더라도 최소한 못난 행동은 하지 않으려고 노력한다.

또 대단치 않더라도 남들보다 먼저 본보기가 될 만한 작은 실천을 해내려고 노력한다. 예를 들어, 직장에 먼저 출근해서 일할 준비를 한다든지 권위주의적 태도를 보이지 않으려고 요즘 세대의 생각을 이해하려는 노력을 한다. 모든 지점에서 그럴 수는 없겠지만, 적어도 실천할 수 있는 지점에선 솔선수범하려고 한다.

특히 약속을 했다면 그건 꼭 실천하려고 하는 편이다. 상대와의 신뢰를 토대로 한 일종의 계약이기 때문이다. 만일 리더의 말과 행동이 일치한다면, 구성원들은 리더를 진정성 있는 인물로 인식하며 그의 지시를 신뢰하고 따르게 된다.

믿고 따를 수 있게 하려면 나 역시 진정성을 담아 노력해야 하고, 믿고 따르라고 강요할 수도 없는 지점이라 하더라도, 그들이 그렇게 생각할 수 있도록 성심껏 최선을 다하는 길밖에 없다.

이러한 솔선수범은 조직 문화를 변화시키는 데 강력한 동력이 된다. 상사 자신은 열심히 하지 않는데, 부하직원에게 그러라고 요구할 수는 없다. 물론 직원들은 상사의 지시라 따르는 시늉은 하겠지만, 적당히 포장해서 '눈 가리고 아웅하는' 것보다 더 나은 모습을 보이는 경우는 드물게 된다. 각자 자기 실속을 챙기는 상황에서는 그러지 못하고 혼자서 헛돌며 생고생하는 사람을 어수룩하다 여기게 되고, 그럴수록 팀의 힘은 어디론가 새게 된다. 리더가 스스로 솔선수범하면, 그러한 '범(호랑이)'들이 알아서 돌아다니며, 보이지 않은 곳에서 균열된 마음에 땜질을 하고, 팀의 힘이 빠지지 않게 한다. 모범을 보이는 상사에게 속마음으로 '자기도 안 하면서 귀찮은 건 우리한테만!'이라고 힐난하지도 못할 것이다.

적어도 리더가 자신들보다 먼저 움직이고, 먼저 성심을 다하는 태도를 보여준다는 점을 인정하고 나면, 어쩔 수 없이 따르게 되고, 또 그중에는 진심으로 따르는 추종자도 늘게 된다. 이러한 솔선수범은 신뢰를 바탕으로 한 약속보다 훨씬 광범위한 노력이며, 조직 전체에 긍정적인 변화를 가져올 수 있다.

그래서 솔선수범은 리더가 자신의 가치와 비전을 실천하며 조직의 방향을 제시하는 중요한 수단이다. 또한 조직을 이끄는 가장 강력한 리더십의 도구이며, 행동은 리더의 진정성을 보여주는 최고의 언어다. 솔선수범하는 리더의 행동은 구성원들에게 영감을 주고, 그들의 자발적인 참여를 이끄는 데 중요한 역할을 한다.

솔선수범은 단순히 리더의 책임이 아니라, 조직의 성공을 위한 필수 조건인 것이다. 리더의 행동은 구성원들에게 신뢰와 동기를 제공하며,

조직의 목표를 향해 나아가는 원동력이 된다. 구성원들은 리더의 행동을 통해 자신의 역할과 목표를 명확히 이해하게 되고, 조직 내에서 자발적으로 참여할 수 있는 환경이 조성된다.

☀ 투명성: 신뢰를 강화하는 리더십

솔선수범이 신뢰 구축의 중요한 덕목이라면, 투명성 역시 신뢰 구축을 위한 또 하나의 필수 요소다. 리더가 구성원들과 정보를 공유하고 투명하게 의사소통할 때, 조직 내 신뢰는 더욱 강화된다. 투명성의 가치는 구성원들에게 자율성과 책임감을 부여하고 조직의 성장을 촉진하는 중요한 기반이 된다.

리더는 조직 운영과 목표 추진을 위한 과정에서 '필요한 것을 구성원들과 최대한' 공유해야 한다. 심지어 필요하다면 조직 내 비밀스러운 부분조차 '가능한 범위 내에서' 공유하며, 구성원들이 전체 상황을 이해할 수 있도록 돕는다. 그래야 자신이 어떤 위치에서 왜 그 일을 해야 하는지 알 것이고, 함께 운명 공동체를 개척하고 있다는 책임감과 만족감이 들기 때문이다.

특히 의사결정 과정을 투명하게 밝힘으로써, 구성원들이 조직의 방향성과 목표를 명확히 파악할 수 있도록 했다. 또 거기서 자신이 해야 할 일을 정확히 알도록 했다. 이러한 투명성은 단순히 정보를 나누는 데 그치지 않고, 구성원들에게 자율성을 부여하며, 그들의 책임감을 강화했다.

투명한 정보 공유를 통해 자신이 무엇을 하는지 명확히 알게 해야, 스스로 판단할 감각도 생긴다. 또 어디로 가야할지 의견도 생긴다. 시키는 대로만 하게 놓아두거나, 중요한 것에서 배제된다거나, 모든 게 불투명하다면, 거기서 구성원들은 자기 위치만 파악하고, 자신의 안전에 집중하게 된다. 그러면 조직 발전에 좋지 않은 영향을 주므로, 투명성의 가치를 통해 구성원들에게 신뢰를 심어주려는 노력이 필요하다. 그때 구성원들은 정보를 바탕으로 자율적으로 의사결정을 내리고 조직의 목표 달성에 기여하게 된다.

물론, 투명성은 윤리적 리더십과도 연결된다. 기업의 불투명성이 주주의 투자에 영향을 주듯이, 공정함과 투명함은 조직의 발전에 매우 중요하다. 보통 불투명성은 불공정함과 연결될 때가 많고, 그러면 불필요한 데 신경을 쓰느라 온전히 업무에만 집중하지 못하게 된다. 또, 자신이 불이익을 받는다는 의심이 생겨서 어떤 결과를 받아들여도 음모론의 시각에서 보게 된다. '저 사람을 그냥 믿으면 된다'는 생각하는 관계와 '언제 약속을 어길지 모른다'는 불안한 관계 사이에서 어느 쪽이 좋을지는 말할 것도 없다. 신뢰에 금이 간 조직이 건강하게 발전할 리 없다. 이런 데서는 건전한 리더십이 작동하지 않고, 모두가 각자도생하는 조직이 되고 만다.

또한, 투명하게 윤리적이지 않으면 목표를 왜곡되게 포장하여 성과를 낸 것처럼 하는 경우도 생길 수 있는데, 예를 들어 허위 계약 등으로 성과를 부풀리는 선택을 한다면 어떨까. 이런 경우 급한 불은 끄더라도 그걸 감당하는 것에도 한계가 있을 것이다. 결국 본질에서는 썩어 들어가는 것이고, 그 리더십을 오래 유지하지 못할뿐더러, 오히려 치명적인 독으로 돌아오게 된다.

투명성에 기반을 둔 윤리적 리더십은 단기적인 성과를 뛰어넘어, 조직의 지속 가능성을 확보하는 중요한 요소다. 리더가 윤리적인 기준을 준수하며 투명하게 소통할 때, 구성원들은 리더를 더욱 신뢰하게 되고, 조직은 안정적으로 성장할 수 있다.

구성원의 장점을 발견하기

☀ 장점을 발견하고 격려하기

리더가 좋은 신뢰 관계를 구축하려면, 구성원의 장점을 발견하고 이를 격려하며 성장의 기회를 제공하는 것도 중요하다. 자신이 바로 섰다면 이제 상대에게 나아가는 단계인 셈이다. 이때 리더의 역할은 조직의 목표를 이끄는 데 그치지 않고, 구성원 개인의 잠재력을 발휘할 수 있도록 돕는 데 있다. 이를 통해 구성원들은 자신감을 얻고, 조직의 성공에 기여할 수 있는 동기를 부여받는다.

성공 노트의 활용

리더는 구성원 각각의 강점을 인식하고, 이를 적극적으로 인정하며 격려해야 한다. 하지만 이게 그리 만만치는 않다. 당장 구성원들을 붙잡고 물어볼 수도 없고, 외부로 나가서 근무하는 경우가 많아서 표면적인 유대도 단기간에 이뤄지기 어려운데, 그의 내면에 숨은 강점 등을 파악하고 인정해준다는 것은 지속적인 관심이 있을 때 가능하다.

그런데 다행히 우리 회사에서는 '성공 노트' 제도를 운용하고 있었다. 모두가 자기 점검을 제도적으로 하고 있던 셈이었다. 이걸 대충 요식

행위로 하지 않고, 조금 더 정성을 다할 수 있도록 하면 좋겠다는 생각이 들었다. 그렇게 구성원들에게 하루 동안의 활동을 기록하고, 잘한 점과 개선이 필요한 점을 더 적극적으로 정리하도록 유도했다. 매일 자신의 업무 일지이자 일기를 쓰는 것이니, 그것을 통해서 애로사항이나 장단점, 목표 등의 여러 요소를 점검할 수 있었고, 리더와 구성원 간의 소통을 위한 출발점으로 안성맞춤이었다. 이러한 과정을 성실히 한다면 회사에서 원하던 것을 넘어, 구성원이 자신을 돌아보고 성장할 기회를 얻을 것 같았다.

정기적으로 소통하고, 장점을 업무 역량으로 연결해보기

리더가 구성원의 장점을 발견하고 이를 발전시키기 위해서는 구성원들과의 정기적인 소통이 필수적이다. 리더는 구성원들과 1:1 대화를 통해 그들의 관심사와 목표를 깊이 이해해야 한다. 이러한 소통은 업무 지시나 성과 점검을 위한 것을 넘어, 구성원 개인에 대한 진심 어린 관심을 전달하는 과정이다.

이와 같은 과정을 통해 장점을 끄집어냈다면 이를 업무 역량으로 연결해보는 고민을 공유해보는 것이다. 예를 들어, 고객과의 접점을 만들어내는 시스템을 통해 구성원들이 자신의 강점을 활용할 수 있도록 돕는 것도 효과적인 방법이다. 정기적으로 타깃 고객 리스트를 작성하고, 고객들에게 작은 선물을 보내는 등의 이벤트를 마련하고 이때 각 구성원들의 장점을 섬세하게 활용하여 관계 구축 능력을 극대화할 기회를 제공해보는 것이다.

지속 가능한 성장의 환경 조성: 개인의 성장을 조직의 성장과 연결해보기

구성원들이 자신의 장점을 최대한 발휘할 수 있도록 하기 위해, 리더는 지속 가능한 환경을 조성해야 한다. 간단히 말해, 기회를 주면서 차분히 기다려보는 것이다. 그러면서 구성원의 장점을 어떻게 발현하는 게 구성원 자신과 조직에 좋을지 생각해보도록 하는 것이다. 이는 구성원 개인의 성장을 조직의 성장과 연결 짓는 과정을 의미한다.

이를 위해 리더는 소소하게 배려하면서 지속적으로 격려하는 노력을 해야 한다. 구성원들이 자신의 역할에 자부심을 느끼도록 도우며, 성과뿐 아니라 노력하는 과정 자체를 인정하는 문화는 구성원들에게 장기적인 동기를 부여한다. 특히, 리더가 세심하게 관찰하며 구성원의 발전 가능성을 발견하고 이를 격려할 때, 조직은 더욱 강한 유대감과 신뢰를 바탕으로 성장한다고 본다.

이처럼 리더는 구성원들과의 관계 속에서 신뢰를 쌓으며, 조직의 목표를 구성원의 개인적 목표와 연결 짓는 역할을 해야 한다. 이때 상대의 개선점보다는 좋은 역량에 집중하게 하는 것이 중요하다. '칭찬은 고래도 춤추게 한다'고 했다. 장점을 남으로부터 알게 되는 것은 기쁜 일이다. 심지어 자신을 평가하는 상사가 그런 관심과 응원을 보내준다면 나쁠 것이 없다.

결국, 리더는 구성원의 눈높이에서 그들의 장점을 발견하고 이를 진심으로 격려함으로써, 신뢰 구축을 통하여 개인과 조직의 성장으로 이어질 단초를 마련해야 할 것이다.

☀ 비교하지 않기: 구성원을 신뢰하고 성장으로 이끄는 리더십

조직 내에서 구성원 간의 비교는 쉽게 발생할 수 있는 유혹이다. 그러나 비교는 구성원들에게 스트레스와 열등감을 안겨줄 뿐만 아니라, 조직 내 불필요한 갈등과 긴장을 유발한다. 리더는 되도록 비교를 피하고, 구성원 각각의 성장 과정을 존중하며 신뢰를 기반으로 한 환경을 만들어야 한다.

비교의 위험성: 구성원을 죽이는 독

비교는 단기적으로 성과를 이끌어내는 듯 보일 수 있지만, 장기적으로는 구성원의 사기를 꺾고 조직 문화를 해친다. 즉 누군가를 높이기 위해 서로를 경쟁 대상으로 인식하게 하면서, 조직의 단합력을 저해하게한다. 비교는 칭찬받는 사람에게는 질시의 빌미가 될 수 있고, 상대적으로 지적을 받은 사람에게는 치욕의 순간이기도 하다. 공개적으로 그랬다면 더더욱 심각하고, 둘이 같은 공간에 있다면 사이는 서먹해질 수 있다.

심지어 '엄친아'나 '엄친딸'처럼 우리 조직에 없는 사람과 비교를 하더라도 그다지 좋은 효과를 보기는 어렵다. 보통 평가 절하되는 사람 입장에서는 알지도 못하는 비교 대상에게 기분이 상하고, 무엇보다 리더에게 기분이 상한다. 기분이 상하게 하는 데는 상당히 효과적인 비법일 수는 있다. 비교로 충격 요법을 즐기는 리더에게도 썩 좋은 선택은 아닌 셈이다.

이런 이유로 비교는 팀워크를 해치는 행위라 할 수 있다. 서로를 경쟁자로만 인식하게 됨으로써 내부에서 불필요한 경쟁과 갈등을 초래되

고, 이로 인해 조직은 앞으로 나아가는 데 역량을 집중하지 못하고 심지어 조직에 치명적인 위협이 될 만한 분란 가능성마저 생긴다. 또 리더의 기준에 맞추기 위해 억지로 행동하게 만들며, 결과적으로 조직 전체의 역량을 약화시킨다.

기다림과 신뢰의 중요성

따라서 리더는 비교를 가급적 피하고, 기다림과 신뢰를 통해 구성원들의 성장을 지원해야 한다. 예를 들어, 구성원 개개인의 목표 달성 과정을 중심으로 피드백을 제공하는 방식을 택하는 경우를 생각해 볼 수 있다. 누군가와 비교하기보다는 조직의 목표와 조화로울 수 있도록 개별적인 목표를 설정하게 하고, 구성원의 결과물이 나올 때까지 기다리는 것이다. 그 과정에서 그들에게 신뢰를 보내는 것이 진정한 리더십이라고 믿는다.

이처럼 리더가 구성원의 작은 성과와 진전을 인정하며 기다려줄 때, 구성원들은 스스로 동기를 얻고 더욱 적극적으로 업무에 몰두한다. 신뢰는 구성원의 자율성을 키우고, 그들이 스스로 성장할 수 있는 환경을 만들어준다. 이는 단기적인 성과를 넘어, 장기적인 발전을 가능하게 한다.

물론, 리더가 모든 순간에 기다리며 신뢰를 보내는 것도 쉽지 않은 일이다. 또 도대체 언제까지 기다려야 하는지, 어디까지 신뢰해야 하는지 명확하지 않을 때도 많다. 무조건 기다려주며 무한한 신뢰를 보여주었다고 생각했는데 너무도 실망스러운 결과로 돌아왔을 때, 그리고 그것이 습관적으로 반복될 때조차 기다려주고 신뢰를 보낸다는 것은 정말 어렵다. 만일 이러한 상황이 많은 구성원에게서 발생하고 있다면, 자신의 리더십 상태도 점검해야 한다.

그래서 좋은 리더십을 유지하는 것도 말처럼 쉽지 않다. 그리고 여기에 정확한 정답은 없을 것이다. 개인 상황에 맞게 기다려주고 신뢰를 보내야 하는데, 주기적으로 기간을 정해주고, 그 약속 안에서는 최대한 신뢰를 보내는 방식도 하나의 예시라 할 수는 있다. 또 약속한 범위보다 조금 더 늘려서 기다려주는 것도 상대에게는 리더가 더 인내하면서 자신을 믿어주고 있다는 인상을 줄 것이다.

비교 대신 각자의 강점을 존중하는 조직 문화

비교를 지양하기 위해서는 구성원 각자의 강점과 개성을 존중하는 개방적인 조직 문화를 형성하는 것이 중요하다. 리더는 성과 평가 때 결과를 비교하기보다는, 구성원이 목표를 달성하는 과정에서 보여준 노력과 성장을 중심으로 피드백을 제공해야 한다. 즉 그 자신이 극복해야 할 목표점을 자신의 역량에서 찾도록 하는 것이다.

이를 통해 구성원들에게 자신만의 강점을 발견하고 발전시킬 수 있는 기회를 제공한다. 리더는 구성원 간의 차이를 경쟁의 도구로 삼지 말고, 조직 전체의 다양성과 강점으로 받아들여야 한다.

이처럼 비교를 피하는 리더십은 구성원들에게 신뢰와 동기를 제공하며, 조직 내 긍정적인 문화를 조성한다. 구성원 개개인의 노력을 인정하고, 그들의 강점을 존중하는 리더십은 구성원들에게 자부심을 심어주며,

조직 전체의 성과를 높이는 결과를 가져온다.

리더로서 나는 구성원들에게 신뢰를 보내며, 그들의 노력을 존중하고, 각자의 강점을 발전시킬 수 있는 환경을 만들어가고 싶다.

☀ 약점을 비난하지 않기: 신뢰와 지원으로 성장 환경을 만들다

리더십에서 중요한 덕목 중 하나는 구성원의 약점을 흉보거나 지적하는 대신, 구성원 스스로가 그것을 자연스럽게 감지하고 극복할 수 있는 환경을 조성하는 것이다. 구성원의 약점을 지나치게 강조하거나 비난하는 태도는 조직 내 불필요한 긴장을 유발하고 팀의 사기를 저하시킨다. 누구든 자신의 약점을 적나라하게 지적받으면, 기분 좋을 리 없다.

물론 약점을 방치하도록 놓아두어서도 안 되지만, 상대의 상처를 건드릴 수 있는 지점에서는 늘 조심해서 역효과가 나지 않도록 하는 것이 중요하다. 그런 점에서 비교는 탑독(승리자)의 장점을 통하여 비교당하는 언더독(약체)의 약점을 드러내는 방식이라 피해야 한다고 보았다. 자신도 그러한 약점이 있었다면 공감하고 극복하려는 과정을 공유할 수도 있겠지만, 실제로 그런 경우가 아니었다면, 어설프게 공감하는 척한다는 오해를 받기 십상이다. 그러니 자신이 정말로 그러지 않았다면 오히려 그 상황에서 조금은 물러서서 성실하게 반응하는 것이 더 나을 수도 있다. '솔직한 공감의 노력' 정도로 표현해보겠다.

또 설령 실제로 그런 상황을 겪었다고 하더라도 지나친 조언을 할 때, 상대가 부정적으로 반응할 수도 있다. 조언자의 극복 역량이 너무 뛰어나서 그런 것이지, 자신은 그럴 수 없다고 여기며 스스로 비교하며 열등감에 공허해 할 수도 있다. 예를 들어, 너무 뛰어난 성공을 거둔 사람이 "포지티브 마인드! 여러분도 다 할 수 있습니다!"라고 입버릇처럼 말해버린다면, 늘 고과점수가 바닥에서 맴도는 사람 입장에서는 다른 차원의 사람이라고만 생각할 수 있다.

그래서 '상대에게 조언할 때 상대가 바뀔 수 없을 것 같으면 아무리 좋은 조언이라 해도 입을 다물고, 상대의 문제를 개선할 수 있을 때에만 조언하며, 그런 경우라 해도 매우 조심해서 정성을 다해야 한다'는 말도 있다.

오래전 기차역 화장실에서 본 '지혜의 말'이었지만 이상하게 지금까지 기억에 남았다. 상대의 약점을 알았을 때도 마찬가지라고 생각한다. 자신이 그런 상황을 겪었고 극복했어도 상대의 상태를 봐가면서 접근법을 달리해야 한다. 이럴 때 스스로 약점을 점검하고 개선 목표를 설정할 수 있도록 '성공 노트'를 활용해보는 것도 좋은 방안 중 하나다. 주변에서는 지켜보아 줄 뿐, 스스로에게 최고의 조언자는 바로 자기 자신이라는 생각이 든다.

그래도 대개는 비관적으로만 생각하는 존재는 아니라는 것이 다행이다. 그들도 나름대로 다시 털고 일어나서 상황을 좋은 쪽으로 바꾸어보고자 하는 마음이 생기기 마련이다. 까다로운 지점이지만, 리더라면 구성원의 약점을 품고, 이를 강점으로 전환할 수 있도록 돕는 지원자 역할을 해야 한다.

❧ 상대방 약점을 알았을 때의 작은 실천

- 구성원 스스로가 그것을 자연스럽게 감지하고 극복할 수 있도록 은근하게 배려하자.
- 구성원의 약점을 지나치게 강조하거나 비난하지 말자.
- 비교하지 말자.
- 상담자가 겪어본 일이라면 적극적으로 공감하는 자세도 좋지만, 그렇다고 해도 섣불리 조언하지 말자. 조언은 상대가 받아들일 수 있을 때에 하는 것이 좋다.
- 만일 상담자가 겪지 않은 일이라면 섣불리 공감하지 말자. 예를 들어 우울증 환자에게 '그래, 나도 알아'라는 식의 접근은 바람직하지 않다. 넘겨짚는 것으로 여기게 되면, 진정성을 의심받는다. 그럴 경우, 솔직할 수 있는 지점에서 '잘 모르지만 그래도 성실히 이해해보고 싶다'는 인상을 주자.

약점을 비난하지 않는 리더십의 의미

사실 구성원은 누구나 약점을 가지고 있다. 리더도 사람인지라 마찬가지로 약점을 가지고 있다. 리더는 그러한 약점을 무심코 평가하고 들출 수 있는 유리한 위치에 있다는 것을 항상 명심하고 조심해야 한다. 누군가의 약점을 지나치게 강조하거나 흥보는 리더는 구성원들의 자신감을 상실시키고, 조직 내 위축된 분위기를 조성할 뿐이다. 약점은 누구에게나 있지만, 그것을 지적하는 것이 리더의 올바른 역할이 아니다.

리더는 구성원의 약점을 극복할 수 있는 자원을 제공하고, 그 과정에서 함께해야 한다. 힘들 때 곁에 있어주는 친구가 진짜 친구고, 약점을 극복하려고 애쓰는 동료와 함께 성장하려고 할 때 진짜 동료가 된다고 믿는다. 다른 분야에서는 모르겠지만, 적어도 사람 관리가 중요한 보험 계열의 현장에서는 더더욱 그렇다.

약점 대신 가능성을 보는 태도

또한 리더는 구성원의 약점을 약점으로만 보지 않고, 이를 가능성의 출발점으로 바라볼 수 있어야 한다. 약점은 구성원의 성장을 방해하는 장애물이 아니라, 강점으로 전환될 잠재력일 수 있기 때문이다. 그래서 구성원의 약점을 파악하기 위해 경청과 대화를 적극 수용했다. 말을 많이 하는 편은 아니고, 가만히 듣는 것에 익숙했기에 그리 어려운 일은 아니었다. 늘 하던 대로 구성원들의 이야기를 듣거나, 성공노트를 통해 파악한 면을 생각해보곤 했다. 그리고 그것을 구성원으로 어떻게 극복하는지, 또 어떻게 기회로 전환하는지 보려고 했다.

물론 짧은 기간에 그 약점을 극복하도록 독려해야 하는 상황도 종종 생긴다. 또한 구성원이 먼저 약점을 극복하기 위해 도움을 청해온다면, 그때는 그의 약점을 함께 분석하고 이를 극복할 장기적 목표를 제안해주기도 했다. 들을 준비가 되었고, 변화할 의지가 생겼다면, 그때는 그의 약점에 대해 조심스럽게 말할 수 있었고, 그때를 기다린 것이다. 외국 속담대로라면 "시간은 온갖 병을 고치고(Time cures every disease), 시간은 가장 좋은 조언자이며(Time is the best counsellor), 조언은 뒤에서 살펴야 하는(Advice should be viewed from behind)" 것이기 때문이다.

이러한 접근을 할 경우 '약점은 극복할 수 있는 의지'가 생겼을 때에 도움을 주는 것이기 때문에 구성원의 선택에 따른 자율성도 지켜줄 수 있다. 이때 리더는 '기다리면서 관찰하고 필요할 때에' 구성원들에게 필요한 자원과 지원을 제공하게 된다. 이는 구성원들이 자신의 부족함을 두려워하지 않고, 이를 성장의 기회로 삼을 수 있는 환경을 조성한다.
그러니 약점을 지적하는 것은 되도록 피하고, 그가 도움을 요청할 때 적절한 피드백이 가능하도록 그의 특성을 관찰하고 파악한 뒤 기다려야 한다. 만일 그가 그러한 준비가 되어 있지 않다면, 리더는 약점을 지적하기보다는 구성원들에게 비전과 목표를 제시하며, 그가 자신의 장점에 더 집중하도록 지원해주어야 한다.

약점을 비난하지 않는 리더십의 효과

구성원의 약점을 비판하지 않는 리더십은 조직 내 신뢰를 형성하고, 긍정적인 분위기를 조성한다. 리더가 구성원의 약점을 품어줄 때, 구성원들은 자신감을 되찾고 자율적으로 문제를 해결하려는 의지를 가지게 된다. 누구나 싫은 말을 듣는 데에는 한계가 있다. 너무 좋은 말만 하면 안 되지만, 위한다는 명목으로 지나치게 싫은 말만 골라 한다면 상대도 지치고 만다. 아차 하면 약점을 고치라며 조언하는 행위 자체를 잔소리로 받아들일 위험이 있다. 그래서 장점을 발견해주고, 넌지시 스스로 약점을 눈치채게 하는 편이 현명하다. 이는 조직 전체의 생산성과 협력의 질을 높이는 데 기여한다.

약점을 흉보는 대신, 구성원이 이를 극복할 수 있도록 돕는 것이 리더의 역할인 것이다. 리더는 구성원들에게 편안한 발언 환경을 제공하며, 그들의 가능성을 믿고 지원해야 한다. 이러한 리더십은 구성원들에게 신뢰를 심어줄 뿐만 아니라, 그들의 성장을 가속화하는 중요한 동력이 된다.

이런 이유로 나는 리더로서 구성원들의 약점을 지적하기보다는, 이를 함께 극복할 수 있는 방법을 찾고, 그들의 가능성을 믿으며 지원하려고 했다. 또 앞으로도 그럴 계획이다. 약점을 품는 리더십이야말로 조직과 구성원을 동시에 성장시키는 가장 강력한 방법이라고 생각한다.

리더는 솔선수범과 투명성 있는 자세로 신뢰를 얻어야 한다면, 그다음에는 타인 지향적으로 나아가서 구성원의 장점을 발견하고, 비교 없이 신뢰를 보내며, 약점을 비난하지 않는 태도를 유지해야 한다. 구성원들에게 긍정적인 관심을 보이며, 그들의 눈높이에 맞춘 소통으로 신뢰를 쌓는 리더십은 조직의 성장과 성과를 이끄는 강력한 원동력이 된다.

진심 어린 인정과 칭찬의 기술

☀ 성실한 대화: 진심과 디테일의 중요성

대화와 칭찬은 사람 간의 관계를 형성하고, 신뢰를 구축하는 데 중요한 역할을 한다. 그러나 의례적이고 형식적인 말은 오히려 역효과를 낼 수 있다. 상대방에게 진심 어린 대화를 하려면 구체적인 표현과 진정성이 필요하며, 과하지 않게 하는 균형이 중요하다.

이때 대화는 성실해야 한다. 성실한 대화란 단순히 말을 잘하거나 의례적으로 말하는 것이 아니라, 상대방이 느끼는 감정을 헤아리고 구체적으로 표현하는 것이다. 이는 상대의 노력을 정확히 인식하고 있다는 믿음을 주며 신뢰를 강화한다. 피상적인 대화와 달리, 듣는 이에게 관심이 있다는 것을 보여준다는 점에서 성실한 대화는 모든 대화의 기본이다.

다만, 능수능란한 대화만이 성실한 건 아니다. 말수가 적고 눌변이더라도, 성실한 진심이 담겨있는 대화도 많다. 오히려 지나치게 달변일 때, 진심이 증발되는 경우도 있다. 진심 없는 달변은 기계적인 성실함에 불과하니 유의해야 한다.

칭찬의 성실성

성실한 칭찬은 상대의 좋은 점을 발견하고 그것을 진심으로 인정하는 데서 시작된다. 좋은 점도 말해주어야, 상대가 안다. 그래야 자기의 장점을 리더가 진심으로 인정하는 것인지 판단할 수순도 오는 것이다. 이처럼 작은 성과도 세심하게 관찰하고 진심으로 칭찬하는 것은 구성원들에게 큰 자부심을 심어준다. 이는 단순히 좋은 분위기를 조성하는 것을 넘어, 구성원들이 자발적으로 더 나은 성과를 내도록 동기를 부여한다.

그리고 이를 위해서는 상대를 잘 관찰하는 능력이 필요하다. 예를 들어, 구성원이 중요한 발표에서 좋은 성과를 냈을 때 단순히 "잘했어요"라고 말하기보다, "발표에서 자료를 잘 정리해서 청중들이 이해하기 쉬웠어요. 특히 핵심 포인트를 강조한 점이 돋보였어요"처럼 구체적인 이유를 성실하게 덧붙이면 칭찬이 더욱 효과적이다. 물론 성실하게 덧붙였다고 모두 진심은 아니겠지만, 적어도 상대를 피상적으로만 본게 아니라, 뭔가 칭찬을 하기 위해 장점을 추려내는 노력을 했다는 것을 의미한다. 그것만으로도 어느 정도의 진심이 담긴 호의가 느껴진다. 성실하지 않은 칭찬이라면, 누구에게나 '복사해서 붙이기' 하듯 보내는 피상적인 내용에 머무르고 만다. 이름만 바꿔 끼우면 되는 칭찬이라면, 어쩐지 진심이 아니라는 생각이 든다.

이때 진심 어린 칭찬을 위해 남과 비교하는 표현은 피하고, 그 자체의 성과를 인정하는 것이 중요하다. 영업사원 중에서는 명함에다가 상대의 인상착의나 기타 특징을 적어두고 관리하는 경우가 있는데, 반드시 이름을 외워두고는 상대를 다시 만날 때 그의 특징 등을 자연스럽게 기억하여 말해준다고 한다. 그러면 상황을 풀어가는 데 도움이 많이 된다고 한다. 또는 각자 메모 수첩을 마련해서 상대방의 장점이나 노력을 구체적으로 기록해두었다가 적절한 시점에 칭찬하는 것도 괜찮은 방법이다.

성공 노트의 활용: 구성원의 마음을 자연스럽게 들여다보기

메모 수첩을 활용하는 건 기본이지만, 내 경우에는 직원들이 쓰는 성공 노트 역시 좋은 자료였다. 성공 노트는 하루 동안의 활동을 기록하고 잘한 점과 부족한 점을 정리하는 방식으로 개인의 성장을 돕는 도구다. 어느 정도 상대에게 보이는 일기장처럼 정제된 수준으로 내용이 드러나지만, 잘 살펴보면, 직원들의 숨은 마음도 드러난다. 직원들 스스로 자기들의 고민과 목표를 적어두며, 거기엔 반드시 자신이 칭찬받고 싶은 내용도 적혀 있기 마련이다. 공식적으로 칭찬받을 소재와 극복해야 할 문제를 모아두는 지면이기 때문이다.

그렇게 성공 노트를 통해 개인은 자신의 강점과 약점을 명확히 인식하게 되고, 이를 개선하기 위한 실질적인 계획을 세우기 마련이다. 또한, 이 기록은 리더가 구성원과의 대화를 나눌 때, 구체적으로 피드백을 주고 신뢰를 쌓는 데도 유용하게 쓰일 수 있다.

내 경우에도 이런 노트를 일일이 살펴보지는 않더라도, 수시로 지점장들과 소통을 하며 특별히 신경 써야 할 사항을 파악해두곤 한다.

메모와 디테일 관리

리더십에서 메모는 디테일한 관리와 신뢰 구축을 위한 행위다. 구성원들의 발언이나 제안을 모두 메모하고 이를 기반으로 업무를 관리하면, 구성원들에게 자신들의 의견이 존중받고 있다는 느낌을 줄 수 있다.

예를 들어, 회의 중에 나온 작은 제안이라도 메모에 기록해두었다가 후속 논의에서 언급한다면, 구성원들은 자신이 팀에 기여하고 있다는 자부심을 느끼게 된다. 이는 리더와 구성원 간의 신뢰를 강화하며, 결과적으로 팀의 성과를 높이는 데 기여한다.

이처럼 구체적인 칭찬과 메모가 결합되면, 칭찬의 효과는 극대화된다. 칭찬을 위해 메모를 활용하면 구성원의 성장과 성과를 정확히 파악할 수 있고, 이를 바탕으로 더 진정성 있는 피드백을 제공할 수 있다. 이렇게 쌓인 신뢰는 팀 전체의 협업과 동기부여를 촉진하는 원동력이 된다.

성실한 대화와 구체적인 칭찬, 그리고 이를 뒷받침하는 디테일한 메모 관리는 리더가 조직 내에서 신뢰와 존경을 얻는 데 필수적인 요소다. 이를 통해 구성원들은 더욱 활발히 의견을 제시하고, 스스로의 성장에 대한 동기를 부여받아 개인과 조직 모두의 발전을 이끌어낸다.

☀ 말을 아끼고, 고르고, 기다려라: 비교는 독, 기다림은 약

리더십은 말로 시작되고 말로 끝난다고 해도 과언이 아니다. 상대에게 다가가서 팀워크를 다지려고 할 때 말 없이는 불가능하다. 추진을 위한 설득이든 상대의 잠재력을 끌어내기 위한 경청이든 그 모든 관계에는 말이 존재한다.

그런데도 나를 비롯한 많은 사람들이 종종 말의 무게를 간과하고, 필요 이상의 말로 실수를 저지른다. 앞서 언급한 내용 중에서도 "상대에게 조언할 때 상대가 바뀔 수 없을 것 같으면 아무리 좋은 조언이라 해도 입을 다물고, 상대의 문제를 개선할 수 있을 때에만 조언하며, 그런 경우라 해도 매우 조심해서 정성을 다해야 한다"고 했는데, 그만큼 그 말의 효과를 점검하면서 말을 신중히 고르는 것은 중요하다. 일단 내뱉은 말은 주워 담을 수 없기 때문이다.

그래서 개인적으로는 달변보다는 눌변, 또는 말수가 적은 것을 선호한다. 달변이 틀렸다는 의미는 아니다. 성실함과 유연한 분위기를 드러내는 데 좋은 것이 달변이라는 점은 인정한다. 하지만 사람이 말에 자신감이 넘치면 순간적으로 말을 많이 하게 되고, 그러다 보면 반드시 실수를 하는 것 같다. 아무리 말에 능숙한 사람이라도 술자리거나, 흥에 취한 모임에서 가끔은 말실수를 한다. 달변 역시 진심을 담은 성실함을 토대로 하고, 신중을 기한 대화라면 오히려 좋을 수도 있으나, 개인적으로는 말실수의 위험성 때문이기도 하고, 체질상 말수가 많은 편이 아니라, 눌변 또는 말수를 아끼는 버릇에 익숙하다. 내 경우에는 '말을 아끼고, 고르고, 기다리는' 태도가 신뢰를 쌓고 조직을 건강하게 이끄는 데 도움이 된다고 보는 편이다.

말을 아끼고, 고르고, 기다려라

말을 아낀다는 것은 일단 말수가 적게 하는 것이다. 상황에 맞게 적절하게 말해야 할 때도 있는데, 그런 경우를 제외한다면 불필요하게 말을 많이 하는 것을 경계하자는 의미다. 말을 아끼면 그만큼 불필요한 말실수를 할 확률이 낮아진다. 말을 아낀다는 것은 단순히 조용히 있는 것이 아니라, 말의 가치를 깊이 이해하고 그것을 신중하게 사용하는 것이다. 필요할 때 적절한 말 한마디는 길게 늘어놓은 말보다 훨씬 더 강력하다.

이처럼 말을 아끼다 보면 말수가 적어지는데, 이 중에서도 '좋은 표현'을 골라야 한다. 같은 말이라도 '어 다르고 아 다르다'고 한다. 똑같은 내용을 담아도 상대의 마음이 상하기도 하고, 상대가 기분이 좋아지기도 한다. 그러니 아낀 말 가운데서도 옥석 같은 말을 골라야 한다.

더 나아가 그렇게 고른 옥석 같은 말조차 한 템포 쉬어가며 기다리는 버릇을 선호한다. 상대의 장점을 말해주고 칭찬할 때조차 진중하게 다가가는 편이 상대에게 진심을 전달하는 방법이라고 생각하는 편이다. 경쟁 사회의 효율성보다는 '예전의 방식으로' 진심을 전달하는 것도 괜찮다고 생각한다. 그래야 신뢰가 쌓일 수 있다고 본다.

내 경우에도 차분하게 상대를 오래 보고 난 뒤, 필요한 말을 좋은 표현으로 천천히 전달하려고 노력한다. 혹시나 잘 못 파악한 것이 있지 않을까 하는 염려 때문이다. 또 당장 며칠 뒤 그가 변화된 성장의 결과를 보여줄 수도 있다. 만일 누군가 갑자기 다음날 실패를 했다면, 옥석 같은 말은 격려로 바뀔 것이고, 오늘 갑자기 성공의 결과를 새롭게 들고 온다면, 옥석 같은 말에 칭찬을 더 보태게 될 것이다. 이렇듯 적절히 기다리면 옥석 같은 말이 진정으로 빛나게 된다.

그러다 보면 말수를 억지로 줄이는 게 아니라, 자연스럽게 줄어드는 경향이 생긴다. 꼭 필요한 순간에 적절한 말로 메시지를 전달하는 과정 때문이다.

흉보지 말고, 탓하지 말고

특히 구성원이 실수를 했을 때 즉각적으로 지적하거나 비난하기보다는, 상황을 지켜보며 적절한 때에 말을 건네는 것이 중요하다. "왜 이렇게밖에 못했냐"는 말 대신, "어떤 점이 어려웠는지 이야기해볼까요?"라고 말하면, 실수를 기회로 삼아 더 나은 결과를 도출할 가능성이 열린다.

조직에서 말로 흉을 보거나 탓하는 것은 리더십의 흔한 함정 중 하나다. 이런 말은 아낄수록 좋다. 그 아낀 말에서 옥석 같은 말을 찾아도, 듣기 싫은 말을 옥석으로 받아들이게 하는 건 정말 어렵다. 오히려 약간 더 기다렸다가 칭찬할 일이 생겼을 때 "그때는 이랬는데, 이렇게 극복했네요!"라고 말해주는 편이 더 낫다고 생각한다. 가급적 리더는 비판보다 해결을, 탓하기보다 격려를 선택해야 한다.

이때 약간의 기다림으로 말을 늦춘 것이 더 나은 리더십 도구라는 걸 경험할 수 있다. 말로 너무 빠르게 지적하는 대신 구성원 스스로 자신의 역량을 발휘할 때까지 신뢰를 보내고 기다린 덕분에, 리더는 더 깊은 영향력을 발휘한다. 기다림은 구성원의 자율성을 존중하고, 스스로 성장할 기회를 제공한다.

칭찬 위주로 하면 말실수가 적어질 수 있다지만

대개 칭찬 위주로 말하면 말실수가 줄어들곤 하지만, 누군가의 약점을 비교 사례로 들면서 상대를 칭찬하는 것은 금기시된다. 이는 앞서 자주 언급했듯이 비교 자체도 안 좋은데, 그중에서도 가장 나쁜 비교이기 때문이다. 이때 잠깐 말하기를 멈추고 상황을 살피면 시간을 벌 수 있다. 정말로 좋은 칭찬인지 판단할 수 있는 시간인 셈이다.

물론 비교 중에서도 드물게 좋은 비교 방식이 있기는 하다. 공적인 롤모델을 제시하면서 모두가 스스로 그를 마음속으로 비교하게 하는 것인데, 구성원이 아닌 공적인 인물이라 불필요하게 질시하는 일 없고, 칭찬을 통하여 장점에 주목한다는 점에서 긍정적이다. 하지만 대개는 비교의 버릇 탓에 이러한 식으로라도 비교하는 습관이 생기다 보면 반드시 구성원 중 누군가를 공개적으로 흥보거나, 말단을 지나치게 칭찬하여 모두가 불편해지는 실수를 저지를 수 있다. 하물며, 자리에 없는 사람을 흥보고 '그 사람처럼 하지 말라'면서 그 자리에 있는 상대를 칭찬한다면 이는 최악의 비교라 할 수 있다.

말은 돌고 돌기 마련이다. 세상에서 제일 기분 나쁜 말이 제3자에게서 듣게 되는 자기에 관한 흥이다. 리더가 그랬다는 걸 알게 된다면 그동안의 신뢰는 모두 증발되고 만다. 꾸준히 더디게 쌓았던 신뢰가 한순간에 사라지고 마는 것이다. 그래서 비교는 되도록 삼가고, 부득이하게 비교할 상황에서는 공인된 롤모델 등을 내세우는 편이 안전하다. 또 비교되는 롤모델과 견주면서 누군가를 흉보지 말 것이며, 특히 비교되는 상대가 없는 자리에서는 되도록 칭찬을 하는 편이 낫다. 최악은 방금도 말했듯이 없는 자리에서 공개적으로 지적당하면서, 누군가 반사이익으로 칭찬받게 되는 경우다. 이런 경우는 칭찬받는 사람도 민망해진다.

그러니 애초에 비교로 하는 칭찬조차 조심하는 것이 좋다. 상대와 관련된 말은 상대가 있는 자리에서 하는 것이 가장 적절하다.

❧ 부득이하게 비교해야 한다면

- 공인된 롤모델을 제시해서 그의 장점에 비추어 구성원 스스로 개선점을 생각하게 유도한다.
- 비교되는 롤모델과 견주면서 누군가를 흉보지 말 것이며, 특히 비교되는 상대가 없는 자리에서는 되도록 칭찬을 하는 편이 바람직하다. 단, 그러한 칭찬으로 인해 다른 구성원들의 질시를 받을 수 있으니, 이 또한 남용하지는 말자.

☀ 리더십의 언어: 자기중심적 표현을 경계하라

리더의 말 한마디는 조직의 분위기를 형성하고, 구성원의 동기를 높일 수도, 무너뜨릴 수도 있다. 그런데 종종 리더는 자기중심적인 언어를 무심코 사용하며 구성원들에게 부정적인 영향을 미칠 수 있다. 이러한 언어는 리더가 의도하지 않았더라도 구성원들에게 상처를 줄 수 있기 때문에, 특별히 경계해야 한다. 또는 오해나 상처가 생길 정도는 아니더라도, 서로 소통이 닫히는 경우도 발생한다. 눈에 띄지 않아서 무심코 지나칠 수 있는데, 부모님과 대화하다가 서로 말이 안 통한다는 느낌이 든다거나, '답은 정해져 있으니 넌 대답만 해'라는 식의 '답정너' 상사의 말에 그냥 수긍하는 척하면서 무조건 복종하며 대화가 마무리된다면 이 역시 조심해야 한다.

그런 상사의 경우 즐겨 쓰는 표현이 있는데, '당연히' '원래'" '딱 보니까' '굳이' '그러니까'와 같은 표현이 대표적인 예시다. 리더가 이런 말을 사용할 때 어떤 문제가 발생하는지, 그리고 이를 대체할 수 있는 긍정적인 언어는 무엇인지 잠깐 살펴보자.

'당연히'라는 말의 함정

'당연히'라는 표현은 상대방의 상황을 고려하지 않고, 리더의 기준에서 모든 것을 일반화하는 태도를 드러낸다. 이 말은 구성원들에게 "왜 이걸 모르냐"는 압박감을 줄 뿐 아니라, 구성원의 역량이나 노력까지 무시하는 뉘앙스를 남길 수 있다. 예를 들어, "당연히 이건 이렇게 해야지"라는 말은 구성원이 문제 해결 과정에서 겪는 고민과 도전을 사소하게 만들어버린다.

이런 표현보다는 "이건 이렇게 하는 방식도 생각해볼 수 있지 않을까요? 두 가지 방식에는 어떤 장단점이 있을까요?"라는 식으로 표현한다면 어떨까? 표현 하나로 엄청난 변화가 있지는 않겠지만, 그래도 구성원의 생각과 노력을 존중한다는 인상을 줄 수 있을 듯하다.

"원래"라는 말이 주는 거부감

그리고 종종 기존의 관습이나 방식을 고수하려는 마음에서 "원래 이건 이렇게 해왔던 거야"라는 말을 사용하기도 한다. 하지만 이 표현은 변화와 혁신을 저해하며, 구성원들에게 '새로운 시도는 받아들여지지 않는다'는 인식을 심어줄 수 있다. '정답'이 있고 고치기보다는 그대로 수용한 태도에 익숙한 느낌을 준다.

조직이 끊임없이 변화하는 환경 속에서 적응하고 발전하기 위해서는, 기존의 틀을 넘어서려는 노력이 필요하다. "우리가 지금까지 이런 방식을 사용해왔는데, 혹시 다른 방법이 있을까요?"라는 말을 습관처럼 쓴다면 어떨까? 구성원들에게 변화를 시도할 자유를 주고, 유연하게 문제를 해결하는 것이 좋다는 신호를 구성원들에게 줄 수 있을 것이다. 정답은 원래 정해진 게 아니라, 주어진 상황에서 각자가 찾아가는 것이라고 생각한다.

"딱 보니까"가 만드는 오해

그런가 하면 상황을 단편적으로 판단하고 결론을 내릴 때 자주 사용하는 표현이 '딱 보니까'다. 궁예의 관심법 같다. '딱 보니까' 신하가 무슨 생각을 하는지 다 안다면서 벌을 주던 모습이 떠오른다. 이 말은 리더가 상황을 깊이 이해하지 않고 성급히 결론을 내린다는 인상을 줄 수 있다. 예를 들어, "딱 보니까 이건 잘못된 거야"라는 말은 구성원의 의견을 묵살하고, 조직의 논의 과정을 단절시킬 위험이 있다. 그러니 이런 표현 대신, "이 상황에서 우리가 놓친 부분은 없는지 더 살펴볼까요?"라는 식으로 열린 질문을 던져, 구성원들과 함께 문제를 해결하려는 의지를 보여주는 것이 더 나을 듯하다.

"굳이"가 주는 부정적 메시지

'굳이'라는 말은 구성원의 노력을 불필요하다고 평가하거나, 그들의 아이디어를 무시하는 느낌을 줄 수 있다. "굳이 그렇게까지 할 필요가 있을까?"라는 말은 구성원들에게 좌절감을 안기고, 새로운 시도를 주저하게 만들 수 있다. 반면, "이 접근도 흥미롭네요. 어떤 점에서 이런 방식을 생각하셨는지 들려주세요"라고 표현하면, 구성원의 생각을 존중하며 협력을 유도할 수 있다.

자신의 의견이 받아들여진다는 기분이 들면, 그는 적극적으로 자신이 숨겨놓은 구상을 펼쳐놓을 것이다. 구성원들의 숨겨진 가능성을 발견하려면 우선 그들이 말하게 해야 한다. 그걸 막으면서 창의적인 의견을 기대한다는 건 모순적이다.

'그러니까'가 차단하는 소통

"그러니까 내 말이 맞다는 거야"와 같은 표현은 리더의 결론을 강요하며, 구성원들에게 반박할 여지를 주지 않는다. 이는 조직 내 소통을 단절시키고, 구성원들이 리더의 의견에 맞추려는 태도를 갖게 만든다.

반면 "제가 이렇게 생각하는 이유는 이런 점들 때문이에요. 여러분이 그렇게 생각한 이유는 무엇인가요?"라는 말은 구성원들과의 논의를 활발히 하고, 더 나은 결과를 도출할 수 있는 길을 열어준다.

아마도 이보다 훨씬 많겠지만, 순간적으로 이런 표현들이 떠올라서 여기에 소개했다.

적어도 괜찮은 리더가 되고자 원한다면 말의 힘을 인지하고, 자기중심적인 표현을 경계해야 한다. 불필요한 말을 줄이고, 구성원의 의견을 존중하며, 열린 질문과 겸손한 태도로 소통한다면 조직 내 신뢰와 협력의 문화를 구축할 수 있을 것이다. 이때 위에 예시로 든 표현 정도는 삼갈 수 있도록 신경 쓰면 좋을 것이다. '당연히/원래/딱 보니까/굳이/그러니까'와 같은 표현을 대체하는 언어는 단순한 대화의 변화가 아니라, 리더십의 본질을 바꾸는 과정일 것이다.

리더로서 자기중심적인 언어를 경계하고 구성원들의 목소리를 진심으로 듣는 순간, 조직은 비로소 하나가 되어 더 높은 목표를 향해 나아갈 수 있는 준비를 마친 것이다.

☀ 이것들은 모두 경청을 위한 워밍업이다

조직에서 리더의 역할은 단순히 가시적인 목표를 달성하는 것에 그치지 않는다. 리더의 진정한 역할은 조직의 장기적인 목표와 함께, 지속 가능한 변영이 가능하도록 하는 것이다. 그렇기에 조직의 체질 자체를 튼튼히 하기 위해 다방면으로 조율하는 임무를 수행하게 된다. 이때 구성원의 마음을 열고, 그들의 의견을 듣고, 이를 바탕으로 함께 성장하는 것이 진정한 리더십이라 할 수 있다.

그리고 이는 리더가 먼저 솔선수범하여 구성원들에게 신뢰를 심어줄 때 가능하다. 그런 다음에야 구성원들이 리더를 믿고 말하기 시작할 것이기 때문이다. 그 순간 리더에게 경청은 중요해진다. 일단 상대의 말을 온전히 들어야 그들의 문제를 이해하고 팀으로서 그다음을 도모할 수 있으므로, 경청은 단순한 듣기가 아니라 상대방에게 진정한 관심을 보이고, 그들과 소통을 통해 신뢰를 쌓는 과정이다.

경청의 시작: 관심과 소통의 다리 놓기

리더가 구성원의 말을 경청하려면, 먼저 구성원이 '내가 관심을 받고 있다'는 신뢰를 느껴야 한다. 이를 위해 리더는 부담스럽지 않게 다가가야 하며, 일방적인 지시보다는 솔직한 관심과 대화를 통해 관계를 형성해야 한다. 그래서 장점을 발견하고 그들에게 성심껏 대화를 시도하기 마련이다.

예를 들어, 구성원들의 반응이 미적지근한 회의에서 리더가 "왜 의견을 말하지 않느냐"고 몰아붙이는 대신, "요즘 어려운 점이 있나요? 어떤 생각을 하고 있는지 듣고 싶습니다"라고 말을 건네면, 구성원들은 리더의 배려하는 마음을 느낄 수 있을 것이다.

성과 중심의 족쇄에서 벗어나기

성과에 지나치게 매몰된 리더는 구성원을 자신의 기준으로 평가하고, 자신의 방식대로 따르지 않는 사람들에게 실망하기 쉽다. 결과적으로 팀워크는 약해지고, 구성원들의 잠재력은 수면 아래로 가라앉는다. 리더가 항상 옳다면 상관없지만, 리더도 실수하기 마련이다. 아는 분야에서도 그럴 뿐 아니라, 계속해서 조직은 새로운 환경의 변화에도 적응해야 한다. 그러다 보면 리더는 자기 과신으로 팀을 위기에 몰아넣는 치명적인 오판을 할 수도 있다.

개인적으로 볼 때 장기적으로 성공하는 조직의 리더가 되려면, 각 구성원의 상황과 관심사를 이해하려는 노력이 필요한 것 같다. 이때 리더는 구성원의 입장에서 그들의 관심사를 파악하고, 왜 그들이 최선을 다하지 못하는지 이유를 살펴야 한다. 이러한 과정은 단순한 관찰을 넘어, 구성원과 함께 고민하고 그들이 스스로 동기를 발견하도록 돕는 단계다. 리더가 먼저 상대를 이해하고 배려할 때, 구성원들은 힘을 내어 함께 앞으로 나아갈 준비를 하게 된다.

솔직함: 인간적인 면모 보여주기

구성원이 리더를 신뢰하고 솔직한 의견을 말하게 하려면, 리더가 먼저 솔직하게 자신의 태도를 바로 세우는 것이 중요하다. 그렇다고 굳이 말하지 않아도 될 개인적인 정보에 대해 지나치게 적나라하게 드러내라는 의미는 아니다. 때와 장소에 맞게 담백한 솔직함으로 인간적인 면모를 먼저 보여주는 것이 중요하다. 이 역시 솔선수범과 투명성의 인간적인 측면이라고 할 수 있다. 리더가 자신의 실수나 한계를 솔직히 인정하고, 개선하려는 노력을 보이면 구성원도 마음을 열게 된다.

예를 들어, "저도 과거에는 구성원의 상황을 충분히 고려하지 못했던 적이 많았습니다. 하지만 지금은 더 이해하려고 노력하고 있습니다. 여러분도 저와 솔직히 이야기해 주시면 좋겠습니다"라는 식의 대화는 구성원들에게 안전한 소통의 장을 제공한다.

적극적인 소통의 시작: "고개를 들고 저를 보세요"

회의 중에 구성원들이 고개를 숙이고 발언하지 않는 상황에서, 리더가 "고개를 들고 저를 보세요"라고 말하며 소통을 독려하는 것은 조직 소통의 첫걸음이 될 수 있다. 이 단순한 제스처는 리더가 구성원들에게 진심으로 관심을 두고 있다는 메시지를 전달한다. 얘기를 하려면 눈을 맞추어야 한다. 생각보다 어려운 일이 아닌데, 눈치를 보게 되면 쉽사리 눈을 피한다. 그런 상태로는 대화를 하기 어렵다. 이를 위해 리더는 조금 더 편한 느낌으로 다가서야 한다.

리더는 구성원의 말을 듣는 것에 그치지 않고, 그들의 아이디어와 의견을 존중하며 때로는 그들의 의견이 수용되었다는 점을 실행을 통해 알려줄 필요도 있다. 모든 의견을 억지로 수용해야 하는 건 아니지만, 괜찮다 싶은 내용이 있다면 되도록 선명하게 그 실행 과정을 보여주고 함께 동참을 유도해서, 구성원들의 의견이 실제로 적용되는 순간을 공유해야 한다. 그래야 구성원들이 의지를 지니고 변화의 물결에 동참하려는 욕심이 생길 것이다. 그리고 속에 있는 진짜 말을 할 분위기도 조성된다.

리더의 가장 중요한 역할은 경청이다. 경청이란 그저 남의 말을 듣는 게 아니다. 듣는 척하는 건 더욱 아니다. 내가 생각하는 경청은 '열심히 듣고 공감하고 질문하는 것'이다.

(한근태, 〈소통, 리더의 자격〉에서)

경청의 기술

☀ 경청에서 시작하는 리더십: 소통과 협력을 통한 변화의 힘

리더십의 본질은 혼자서 세상을 바꾸는 데 있지 않다. 운이 좋아서 한두 번쯤은 혼자서 바꿀 수도 있겠지만, 언제나 그럴 수는 없다. 세상은 급변하고 매번 조직은 생존을 위한 선택의 갈림길에 놓인다. 리더가 영원히 늙지 않는 법도 없고, 리더가 영원히 실수하지 않는 존재도 아니다. 결국 리더의 뜻과 합치하는 동료들과 함께 지속 가능한 성장을 이루기 위한 시스템과 경쟁력을 갖추는 것이야말로 리더의 역할이다. 리더와 같은 역량의 존재들이 지속적으로 배출되어 조직 안에 골고루 배치되어 있어야 그 조직은 높은 경쟁력을 유지하면서 새로운 질서에도 도태하지 않을 수 있다.

결국 진정한 리더십은 동료들을 리더의 자리로 초대하는 과정이고, 그들의 역량을 이끌어내어 조직 안에서 최대한 시너지를 발휘하도록 지원하는 기술이다. 이를 위해 유능한 리더는 동료들의 생각을 경청하고, 이를 출발점 삼아서 생산적인 소통을 원활하게 하는 분위기를 만들어야 한다. 이를 통해 끝내는 모두가 조직의 방향과 목표를 향해 결집해서는 각자의 역량을 조화롭게 모아 협력을 해야 한다. 특히, 조직이 클수록 그 성과는 경청에서 출발해 소통으로 이어지고, 협력으로 완성된다.

이때 경청은 모든 변화의 출발점이라고 해도 과언이 아니다. 협력을 하려면 소통을 해야 하고, 소통을 하려면 우선 경청해야 하는 것이다. 내가 목표로 삼는 성숙한 리더라면 이 원칙을 깊이 이해하고, 더 나은 조직과 세상을 만들기 위해 경청의 경지에 도달하려는 노력을 멈추지 않을 듯하다.

경청: 소통의 문을 여는 첫걸음

리더에게 경청이란 단순히 말을 듣는 것이 아니라, 상대방의 이야기를 진심으로 이해하고 공감하는 능력이다. 이때 리더는 구성원들에게 먼저 다가가 부담 없는 대화를 시작하고, 그들의 의견에 진정으로 관심을 보여야 한다. 성과 중심의 사고를 넘어서, 구성원들의 상황과 마음을 이해하려는 노력이 있을 때, 그래서 리더가 구성원의 목소리에 귀 기울일 때, 그 순간부터 소통이 시작된다. 즉 경청을 하기 위해 상대의 장점을 발견하고 신뢰를 쌓아가는 과정에서 리더는 먼저 다가가기 마련이고, 그런 과정에서 대화는 진행된다. 이 역시 경청이라 할 수도 있지만, 상대가 진짜 자신의 이야기를 할 때까지 기다리면서 성실한 대화를 이어간다는 점에서 이는 경청을 위한 워밍업이라 불렀다.

그리고 진짜로 신뢰받는 리더에게 구성원이 진심을 열고 이야기를 시작했을 때 이때부터 리더는 경청의 단계에 돌입한다. 그리고 내밀한 소통이 시작되는 것이다. 리더가 경청을 통해 상대방의 관점과 필요를 이해할 때, 구성원들은 자신이 존중받고 있다고 느끼게 된다. 이를 통해 단순한 업무 관계를 넘어서, 조직 내에서 함께 목표를 이루기 위한 팀워크를 강화할 수 있다. 반면 경청하지 않고 일방적으로 지시하는 리더는 구성원의 동기부여를 저해하며, 결과적으로 조직의 성과에도 부정적인 영향을 미칠 수 있다.

소통과 협력: 경청에서 시작된 변화

소통은 경청을 기반으로 이루어지며, 협력의 문을 여는 열쇠다. 리더가 구성원의 애로사항과 목표를 진지하게 파악하기 시작하면서, 조직의 목표와 합치시키기 위한 생산적인 소통이 가능해지는 것이다. 소통은 리더와 구성원 간의 상호작용을 통해 목표를 공유하고, 문제를 해결하는 과정을 의미한다. 리더는 경청을 통해 얻은 정보를 바탕으로 소통의 방향을 잡고, 구성원들과의 공감대를 형성해야 한다.

협력은 소통의 자연스러운 결과로 나타난다. 즉, 구성원이 진짜 목소리를 내기 시작하면서 이를 듣고 반응하는 것만으로도 진정한 소통이 가능해지고, 거기서부터 상호발전적인 협력의 길이 열리는 것이다. 경청과 소통을 거친 협력은 단순히 업무를 나누는 것을 넘어, 조직의 목표를 향한 집단적인 추진력을 제공한다. 이 과정에서 리더는 집단적 지혜와 에너지를 활용하여, 보다 크고 긍정적인 변화를 만들어낼 수 있다.

과감한 추진을 위해서 협력을 이끌어내야 한다

추진력은 개인의 독립적인 역량을 통해 세상과 대결할 수 있는 힘을 제공한다. 그러나 추진력만으로는 변화를 도모하기 어렵다. 구성원이 많은 조직에서는 혼자서 그러한 변화에 도달하지 못하고 좌초될 가능성도 크다. 결국 구성원의 협력이 필요하고, 모든 경청은 단순히 그들의 고민을 무한정 들어주자는 의미가 아니라, 조직의 성과를 높이기 위해 그들 스스로 움직일 수 있도록 협력을 끌어내기 위한 기술이다. 이를 위해 솔직담백하게 그들의 목소리에 귀 기울여야 한다. 경청을 통해 진실한 소통을 거쳐 협력에 이르지 못한다면 경청의 노력은 다소 허망해진다. 조직의 목표가 친목회를 열어 술 마시고 놀자는 건 아니기 때문이다. 그런 자리에서는 웃고 떠들고 서로 담백한 대화를 하는 것만으로도 괜찮겠지만, 조직에서는 수많은 추진이 있기 마련이고, 이 과정에서 팀의 힘을 결집시키기 위한 최선의 노력을 하기 마련이다. 경청은 모두의 협력을 끌어내기 위한 유력한 리더십 기술인 셈이다.

그것이 성공적이었다면 원활한 협력이 가능해지고 구성원의 역량이 결집되어 추진력이 탄력을 받는다.

그렇게 경청에서 시작해 소통과 협력을 거친 리더십은 본질적이고 지속 가능한 변화를 만들어낸다. 홀로 추진하는 것보다 느리게 보일 수 있지만, 이러한 변화는 더 많은 사람들에게 긍정적인 영향을 미치며, 조직을 더 나은 방향으로 이끌어간다. 예를 들어 구성원들은 서로의 말을 더 잘 듣고, 협업이 원활해지며, 결과적으로 조직의 목표 달성에 기여하게 된다.

☀ 균형 잡힌 경청: 신뢰와 판단의 경계에서

인용 노트

내가 생각하는 소통은 '생각의 주파수를 맞추는 일이다.'
윗사람도 아랫사람 생각에 주파수를 맞추고, 아랫사람 역시 윗사람 생각에 주파수를 맞추려고 노력해야 한다. 그래야 잡음이 사라지고 서로의 생각이 명료해지면서 소통이 가능하다.

(한근태, 〈소통,리더의 자격〉에서)

경청은 리더십의 핵심 요소 중 하나다. 그러나 경청이 단순히 모든 이야기를 받아들이는 것을 의미하지는 않는다. 상대방의 말을 진심으로 듣되, 중요도와 상황에 따라 선별적으로 수용하는 균형 잡힌 접근이 필요하다. 조직도 그렇고, 리더 역시 마음씨 좋은 산타클로스는 아니다. 조직의 성장을 위해 최선을 다할 뿐이다. 이를 위해 필요하다면 경청을 통하여 협력을 이끌어낼 시도를 하겠지만, 때로는 수용하지 못할 내용도 있기 마련이다.

다만, 이러한 노력이 구성원 개인의 성장과 불협화음이 난다면 장기적으로 좋을 것이 없으므로, 어렵게 낸 의견에 대해 진지한 자세로 임하고 서로의 입장을 조율해 최적의 해답을 찾기 위해 소통해야 한다. 이는 조직 내에서 신뢰를 쌓으면서도 책임 있는 결정을 내리기 위한 필수적인 자세다.

경청과 수용: 선을 지키는 리더십

'성심껏 들어는 주되, 무조건 수용하지는 마라.'

이 말은 감성적인 경청과 이성적인 판단 사이에서 균형을 잡는 리더십의 핵심을 담고 있다. 구성원의 의견을 경청하는 과정에서, 모든 요청을 무조건 받아들일 수는 없다.

물론, 앞서도 말했듯이 경청한다고 해놓고 어떤 의견도 전혀 수용하지 않는다면 "답정너"라는 평가를 받기 쉽다.

"역시 겉으로만 경청, 경청하는 것일 뿐, 결과는 늘 똑같아. 의견을 내보라고 해서 어렵게 내면, 까이고, 주도적이지 못하다고 해서 주도하려고 노력하면, 시키는 거나 제대로 하라고 그러고."

많은 직원들이 상사를 흉볼 때 흔히 하는 말이다.

이런 반응을 최소화하려면 경청하기 위해 귀를 기울이는 데서 끝나는 것이 아니라, 상대방의 의견이 일부라도 반영되는 편이 좋다고 했다. 리더가 구성원의 의견을 부분적으로라도 수용하면, 구성원은 자신의 목소리가 조직에서 가치 있게 여겨진다는 경험을 하는 것이다. 이는 구성원들이 더 솔직하게 속내를 드러내고, 조직의 발전에 기여하는 의견을 자유롭게 제시할 수 있는 토대를 제공한다.

수용의 기준: 중요한 일과 부차적인 일

그래서 경청을 할 때 중요도의 우선순위를 정하고 선후관계를 명확히 하는 편이 낫다. 리더이기 때문에 부득이하게 조직의 목표와 관련된 중요한 사안에서 명확한 기준을 세워야 한다. 절대로 타협할 수 없는 부분에서는 부드럽게 경청만 하고, 의견을 반영하지 않는 태도도 필요하다. 그러나 상대적으로 부차적인 지점에서는 구성원의 의견을 수용하는 여유를 보여줄 수 있어야 한다. 물론 정말로 좋은 의견이라면 적극 수용해야 할 것이다. 이러한 균형을 유지할 때 조직 내 신뢰를 강화하면서도 리더의 정확한 판단력을 유지할 수 있다.

즉, 새로운 프로젝트의 핵심 방향성에 대해서는 리더의 명확한 결정이 필요하지만, 실행 과정에서 구성원이 제안하는 작은 개선 아이디어는 받아들일 수 있다. 이런 작은 수용이 쌓이면 구성원들은 더 큰 문제에서도 리더에게 신뢰를 보이고 협력하게 된다.

경청의 함정: 부화뇌동의 위험

경청은 신뢰를 쌓는 중요한 도구지만, 모든 의견을 무분별하게 받아들일 경우도 바람직하지 않다. '이리저리 흔들리는 갈대 같은 마음'이요, '귀가 얇다'는 식의 부화뇌동(附和雷同)으로 비칠 수 있다. 리더가 중요한 의사결정에서 구성원의 의견에 지나치게 의존하거나 흔들린다면, 조직의 안정성을 해치고 리더십의 권위를 약화시킬 위험이 있다. 중심 없이 흔들리는 리더를, 누군가의 말에 휩쓸리는 듯한 판단을 누가 신뢰할 수 있을까.

리더는 '생각하는 갈대'처럼 바람에 따라 유연하게 움직이되, 뿌리가 뽑히지 않아야 한다. 중심이 안 잡혀 이리저리 흔들리기만 하면 뿌리를 드러내고는 바닥에 쓰러지고 만다. 리더는 다양한 의견을 경청하며 유연성을 유지하되, 조직의 핵심 가치와 목표를 흔들리지 않게 지키는 중심축 역할을 해야 한다.

과거의 실패로부터 배운 경청의 균형

내 경우에는 과거 친구와의 금전적 시행착오를 통해 경청과 신뢰의 균형을 배우게 되었다. 친구의 제안을 지나치게 신뢰하고 금전적으로 과감하게 투자한 것이었지만, 결과적으로 실패로 돌아갔다. 이 경험을 통해 지나친 신뢰가 가져오는 위험성을 깨달았다. 모든 건 대개 균형을 유지하는 게 좋았다.

마찬가지로 조직 내에서도 경청과 신뢰를 무조건적으로 적용해서는 안 된다는 교훈을 얻었다. 하나의 정답만 있다면 세상살이 그리 어려울 건 없겠지만, 언제나 상황에 따라 미묘하게 달라지기 마련이다. 그래서 '정답에 가까운 기준'은 유지하되 현장 감각으로 순간에 따라 최적의 해답을 찾아가려는 노력이 필요하다. 극단적인 예를 들자면, 무조건 경청하는 게 조직의 움직임을 불필요하게 더디게 한다는 것은 앞서도 언급했다. 또한, 정말 완전 초보인 사람을 전적으로 신뢰해서 그가 감당할 수 없는 일을 맡겨놓고 무작정 무한 지지만 한다거나, 회사의 일급 기밀을 '투명성을 유지해야 한다'는 이유로 공개해버리는 건 무책임의 다른 말일 뿐이다. 그래서 항상 그 적정선을 찾아가면서도 가장 권장할 만한 키워드가 그래도 '경청'이요, '신뢰'라고 받아들이면 될 일이다. 균형 감각을 지니고 리더가 중심을 잡으며 그러한 멋진 키워드를 현실에서 실제의 긍정적인 효과를 내는 쪽으로 이끌어야 한다. 그게 리더의 역할이고, 리더십의 기술인 셈이다.

결국 경청을 할 때도 중요한 사안에서는 냉철한 판단이 필요하며, 신뢰와 경청은 책임 있는 판단력과 함께 이루어져야 한다는 사실을 깨달았다.

균형 잡힌 경청을 하면 구성원의 의견을 적극적으로 경청하면서도, 조직의 목표와 방향성을 잃지 않는다. 리더는 구성원의 목소리를 듣고, 그중에서 조직에 필요한 부분을 선별적으로 수용하며, 신뢰와 책임의 균형을 유지해야 한다. 유연성을 가지면서도 중심을 지키는 태도를 잘 유지할 때 리더는 더 큰 신뢰를 얻고, 조직의 성과를 극대화할 수 있다.

생각 노트

사실 '정직해야 한다'는 것을 틀렸다고 말하는 리더는 거의 없을 것이다. 일부러 특이해지려고, 과도한 개성을 확보하려고 '정직하지 말아야 한다' 고 하면 지나친 것이다. 지나친 것은 부족한 것만 못하다. 분명 '정답은 없더라도, 정답에 가까운 기준'은 있는데, 너무 선을 넘은 것이겠다.

☀ 조직이 커질수록 리더에게는 추진력만큼이나 경청도
필수불가결하다

조직의 규모가 커질수록 리더에게 요구되는 역량은 추진력 이외에도 다양한 조율 능력이 필요하다. 그리고 추진력에 대비되는 역량의 핵심을 하나로만 단순화하면 '경청'이라는 키워드가 드러난다고 생각한다. 추진력을 과감하게 목표로 진격하는 힘이라고 표현한다면, 경청은 두루두루 구성원의 상황을 파악하고 의견을 수렴하여 목표 달성을 효율화하는 지혜라고 말하고 싶다. 이러한 추진력이 조직의 방향을 설정하고 길을 열어가는 데 용이하다면, 경청은 구성원의 동의를 얻고 조직을 하나로 묶는 접착제와도 같다.

　조직의 성과는 리더 혼자 이루어낼 수 있는 것이 아니다. 결국 여러 사람이 함께 일한 결과물의 합이 조직의 성과로 나타난다. 이런 이유로, 리더는 추진력과 함께 경청의 중요성을 깨닫고 이를 균형 있게 활용해야 한다. 물론 모든 순간에 균형을 유지하는 것은 이론적일 뿐이며, 현장에서 어느 것에 더 무게중심을 실어야 할지는 상황에 따라 리더가 판단하기 마련이다.

추진력을 우선시해야 할 때

　때로는 리더가 추진력을 최우선으로 해야 하는 상황도 있다. 저항이 지나치게 많아 논의가 불필요하게 장기화되거나, 의사결정이 지체되면 조직 전체에 악영향을 미칠 위험이 있을 때가 그렇다. 이런 경우, 리더는 결단력과 추진력을 발휘해 길을 뚫어야 한다.

　예를 들어, 대규모 변화가 불가피한 상황에서 구성원들이 불확실성을 이유로 반대하거나, 일부 이해관계자의 동의를 얻기 힘들 때가 있다. 대개는 이런 경우 변화를 멈추는 쪽으로 주저앉고 마는데, 꼭 필요한 경우라면 리더의 판단 하에 추진력을 통해 먼저 방향을 설정하고, 이후 중간점검처럼 경청을 활용하여 상황을 점검하고 조율할 필요가 있다. 이때 경청은 주된 도구라기보다 리더의 결정을 보완해주는 기능을 한다.

다만, 이런 결단을 했다면 후유증도 있을 것을 예상하고 궁극적으로 조직에 어떤 선택이 나은지 리더 스스로 검토하고, 확신이 섰을 때 진행해야 한다. 조직이 클수록 이러한 선택은 리스크도 크게 동반하기에 최소화해야 한다.

경청을 우선시해야 할 때

반면, 모두의 이해관계가 복잡하게 얽힌 상황에서는 리더가 신중하게 움직여야 한다. 이런 경우, 경청은 단순히 보조적인 역할을 넘어, 추진력 이상으로 중요한 우선순위로 자리 잡는다.

조직 내 여러 이해관계자가 제각기 다른 요구를 내세우거나, 기업 주주의 의사에 반하는 결정을 내려야 할 때, 경청은 필수적이다. 특히, 기업 경영에서 주주의 반대가 예상되는 사안을 추진할 때는 경청을 통해 구성원의 의견을 수렴하고, 수집된 정보를 바탕으로 명확한 데이터를 제시하여 설득하는 과정이 중요하다.

역사적으로 세종대왕의 토지개혁 사례는 이를 잘 보여준다. 당시 세종대왕은 농민과 관료, 기득권층의 다양한 의견을 수렴하며 조정안을 마련했다. 이런 과정은 약 16년의 기간에 걸쳐 이루어졌고 일일이 의견을 수렴하는 과정을 거치느라 복잡했지만, 경청과 설득을 통해 모두가 동의할 수 있는 방향을 찾아낸 것이다. 이러한 엄청난 인내로 장기적인 사업을 완비함으로써, 조선 500년의 토지 제도와 조세 체계의 기본 틀을 갖출 수 있었다. 조직에서도 이러한 경청의 태도는 갈등을 줄이고, 조직 구성원들의 의지를 하나로 모으는 데 중요한 역할을 한다.

물론, 너무 오래 걸릴 수 있기에 사안에 따라 적절한 균형이 중요하며, 현대 사회에서 이 정도로 오래 끌 사안은 그리 많지 않을 것이다. 특히, 기업은 급박하게 변화하는 시장 환경에서 살아남아야 하기에, 기간에 관해서는 탄력적인 수용이 필요하다.

현실적으로 경청은 모든 의견을 듣는 것이 아니라, 받아들일 것과 걸러야 할 것을 명확히 판단하는 과정이다. 리더는 경청을 통해 구성원의 다양한 목소리를 들으며 그들의 요구와 우려를 이해하고, 숫자라는 객관적인 데이터를 제시하여 조직 구성원들을 같은 방향으로 이끌어야 한다.

의견 수렴 과정이 길어질 때도 있지만, 이는 리더십을 강화하고 조직의 성과를 극대화하는 데 필요한 과정이다. 경청은 단기적인 효율성을 저하시킬 수도 있지만, 장기적으로 보면 조직을 안정적이고 지속 가능하게 운영하는 데 중요한 기능을 한다.

경청과 추진력의 균형

이처럼 리더십은 추진력과 경청의 균형 위에서 완성된다. 때로는 추진력을 통해 과감한 결단을 해야 하고, 때로는 경청을 통해 모두의 의견을 조율하며 신중하게 나아가야 한다. 조직이 커질수록 경청의 중요성은 더욱 커지며, 리더는 이 과정에서 받아들일 것과 걸러야 할 것을 명확히 판단해야 한다.

추진력이 혼자 길을 내는 힘이라면, 경청은 모두가 함께 추진하여 길을 만드는 힘이다. 조직의 규모가 커질수록 경청은 더 이상 선택이 아니라 필수다. 구성원 간, 부서 간, 혹은 주주들과의 의사소통이 빈번해지고, 이해관계자가 많아지기 때문이다. 그들의 말을 경청하고 의견이 모일 지점을 정확하게 파악한 뒤, 조직의 목표로 향하는 추진의 길 위에 함께 설 수 있도록 하는 게 리더의 역할이다.

구성원 스스로 추진하게 하라: 명확한 목표 제시

☀ 초보 리더를 '작고 단단한 리더'로 만들기

결국 조직은 사람이 움직이는 곳이고, 그 사람들의 역량이 곧 조직의 능력으로 이어진다. 구성원이 성장할 때 조직도 함께 성장한다는 점에서, 리더는 구성원이 능동적으로 일할 수 있도록 지원해야 한다. 특히 초보 리더에게는 어엿한 리더로 성장할 기회를 제공하는 것이 무엇보다 중요하다. 단순히 역할을 맡기는 것을 넘어, 스스로 책임감과 자신감을 느낄수 있도록 적절한 지원과 관리를 병행해야 한다.

초보 리더에게 기회를 주는 이유

리더는 모든 것을 혼자서 해결할 수 없다. 조직의 성과는 구성원들의 협력과 역량에 의해 결정된다. 따라서 초보 리더에게 역할과 권한을 부여하는 것은 조직의 장기적인 발전을 위해 필수적이다. 그들에게 스스로 판단하고 실행할 수 있는 기회를 주는 것은 단순한 업무 분담을 넘어, 협력적인 리더로 성장할 발판을 마련해 주는 것이다.

초보 리더가 자신의 역할을 통해 성과를 경험하면, 이는 자신감으로 이어지고, 더 큰 책임을 감당할 수 있는 힘을 얻게 된다. 또한, 조직 내에서 리더의 수가 늘어나고 그들이 각자의 영역에서 자율적으로 일할 수 있을 때, 조직은 더 유연하고 효율적으로 움직일 수 있다.

그들이 자신의 역할을 감당하며 성장할 수 있도록 돕는 것이 조직의 성공을 위한 첫걸음이다. 리더는 그들의 성장 과정을 믿고 기다리며, 그들이 자율성을 갖추고 책임감 있는 리더로 자리 잡을 수 있도록 이끌어야 한다. 초보 리더의 작은 성장은 조직 전체의 성과를 이루는 기반이 된다.

작은 목표와 권한 부여의 중요성

초보 리더에게 권한을 부여할 때는 신중한 접근이 필요하다. 마치 두발자전거를 처음 배울 때 뒤를 잡아주는 것처럼, 초보 리더에게는 감당할 수 있는 범위 내에서 목표와 권한을 부여해야 한다. 이를 통해 그들이 부담을 느끼지 않고 자신의 역할을 수행할 수 있도록 돕는 것이 중요하다.

작은 성공은 초보 리더에게 큰 자신감을 준다. 예를 들어 작은 프로젝트의 진행을 맡기거나, 팀 내에서 특정한 문제를 해결하도록 하는 등 감당할 수 있는 역할을 부여하면, 그들은 자신의 역량을 점차 확장해 나갈 수 있다. 처음에는 일정 범위 내에서 명확한 가이드라인을 제공하고, 점차 그 범위를 넓혀가며 스스로 결정을 내릴 수 있는 환경을 조성해야 한다.

리더의 역할: 뒤에서 지켜봐 주기

초보 리더는 실수를 통해 배우고 성장한다. 실수를 지적하기보다는 그들이 학습의 기회로 삼을 수 있도록 돕는 역할을 해야 한다. 두발자전거를 처음 배울 때 뒤를 잡아주다 서서히 놓아주는 것처럼, 초보 리더가 스스로 균형을 잡고 앞으로 나아갈 수 있도록 뒤에서 지켜봐 주는 태도가 필요하다.

그들이 실수를 통해 배울 수 있도록 하되, 지나친 간섭은 피해야 한다. 리더는 지원이 필요한 순간에 적절히 도움을 주고, 그들이 자신만의 리더십 스타일을 개발할 수 있도록 독립성을 존중해야 한다.

지속적인 피드백과 지원

물론, 초보 리더의 성장을 위해서는 지속적인 피드백과 지원이 필수적이다. 성과에 대해 명확히 평가하고, 잘한 점과 개선할 점을 구체적으로 전달해야 한다. 이때 잘못한 점을 비난하지 않고, 더 나아질 지점을 재설정해주는 대화의 기술이 필요하다. 피드백은 단순히 잘못된 점을 지적하는 것이 아니라, 그들이 가진 가능성을 확인하고 발전 방향을 제시하는 과정이어야 한다. "이 부분은 정말 잘했어. 다음에는 이런 방식을 한 번 더 시도해 보면 좋을 것 같아"라는 식의 피드백을 해줄 때 초보 리더에게 동기부여가 된다.

또한, 초보 리더가 어려움을 겪을 때는 리더로서의 경험과 노하우를 공유하며 조언을 아끼지 않아야 한다. 이를 통해 그들이 더욱 단단한 리더로 성장할 수 있다. 그렇게 작고 단단한 리더로 자리 잡을 때, 조직은 더 강력한 역량을 갖추게 된다.

초보 리더는 처음부터 완벽하지 않다. 하지만 그들에게 적절한 기회를 제공하면, 작은 성공 경험들이 쌓여 큰 변화를 만들어낼 수 있다.

☀ 명확한 목표를 제시하기: 작은 성공에서 큰 성과로

리더십의 기본은 목표를 명확히 제시하는 데 있다. 명확하고 선명한 목표는 구성원이 해야 할 일을 이해하고, 스스로 나아갈 방향을 찾는 데 중요한 기준이 된다. '나를 믿고 그냥 따라오라'는 방식에서 벗어나, 구체적이고 현실적인 목표를 설정하고 이를 구성원들과 공유하는 태도가 필요하다. 명확한 목표 제시는 단기적인 성과뿐만 아니라 장기적인 비전을 이루는 데 있어 중요한 출발점이 된다.

목표 설정의 변화: 현실적인 접근

이때 리더는 구성원들에게 거창한 비전만을 제시하는 것이 아니라, 현재 상황에 맞는 현실적인 목표를 설정해야 한다. 예를 들어, 큰 성과를 이루기 위한 단계를 작은 단위로 나누어 구성원들이 각 단계에서 성취감을 느낄 수 있도록 돕는다. 처음부터 큰 목표를 세우면 부담으로 작용할 수 있지만, 작고 구체적인 목표는 도달 가능한 성과를 통해 자신감을 키우는 데 효과적이다.

리더는 "10에서 시작해, 20, 30으로 올라가라"고 말하며 점진적인 목표 설정을 강조한다. 이는 구성원들이 실패를 두려워하지 않고 꾸준히 도전할 수 있도록 돕는 방식이다. 작은 성공이 쌓여 큰 성과로 이어질 수 있음을 깨닫게 하는 것이 중요하다.

꾸준함과 반복: 성장의 기초

작은 성공은 큰 목표를 이루는 과정에서 중요한 역할을 한다. 목표를 설정할 때는 처음부터 장기적인 목표를 강요하기보다, 단기적인 목표를 통해 꾸준히 성공의 경험을 쌓을 수 있도록 돕는다. 이는 구성원이 실패를 두려워하지 않고, 반복적인 학습과 실행을 통해 성장하는 데 효과적이다.

리더는 구성원들에게 "지금 당장 눈앞의 파도를 헤쳐나가면서, 동시에 멀리 있는 바람을 느끼라"고 조언하며 단기적인 성과와 장기적인 비전을 동시에 추구하도록 돕는다. 즉, 리더는 단기적인 목표 설정뿐만 아니라 장기적인 비전을 제시할 수 있는 시야를 가져야 한다. 구성원들이 당장의 성과에만 만족하지 말고, 더 큰 목표를 바라보도록 환경을 조성해야 한다. 호흡이 길어야 하는 마라톤을 하듯이 장기적인 길을 만들어보라는 의도다. 이는 리더가 단순히 지시하는 것을 넘어, 구성원이 스스로 성장할 수 있는 기회를 제공하는 데 초점을 맞춘 접근이다. 이러한 접근을 통해 구성원들이 현실적인 목표와 더불어 장기적인 목표를 바라보는 시각을 가질 수 있도록 유도한다.

성공 노트를 통한 목표 관리

목표를 명확히 설정하고 이를 효과적으로 관리하기 위해 리더는 '성공 노트'라는 시스템을 활용할 수 있다. 성공 노트를 자주 언급하게 되는데,

잘만 활용하면 여러모로 유용하다. 이는 구성원이 하루 동안의 활동을 기록하고, 잘한 점과 부족했던 점을 정리하며 스스로를 돌아보게 하는 도구이다. 이를 통해 구성원은 자신의 성과를 점검하고, 무엇을 개선해야 할지 파악할 수 있다. 리더는 성공 노트를 활용해 구성원의 성과를 점검하고 피드백을 제공할 수 있고, 목표를 새롭게 설정하여 상황에 맞는 임무를 추가할 수 있다.

목표 설정의 유연성과 대화 중심의 접근

구성원과 함께 그의 목표를 설정할 때는 강압적으로 지시하지 않는 것이 중요하다. 리더는 구성원이 목표를 달성하지 못했을 때 질책하기보다, 그 원인을 파악하고 함께 해결책을 모색해야 한다. 예를 들어 구성원이 목표에 도달하지 못한 이유가 단순한 노력 부족인지, 아니면 환경적 장애 때문인지 확인하고, 이를 바탕으로 현실적인 조정을 할 필요가 있다.

대화 중심의 접근법은 구성원들이 목표에 더 쉽게 다가갈 수 있도록 돕는다. 구성원들과의 소통을 통해 목표 설정 과정에 그들의 의견을 반영하면, 목표에 대한 책임감과 동기가 더욱 강해진다.

명확한 목표가 만드는 성장

작은 목표를 명확하게 설정하고 이를 통해 작은 성공을 경험하게 하는 것은 구성원의 자신감을 키우고, 더 큰 성과로 나아가는 발판이 된다. 성공 노트를 활용한 자기 관리와 반성은 구성원의 성장을 도울

뿐만 아니라, 팀워크를 강화하는 데도 효과적이다.

리더는 목표를 설정할 때 구성원의 성장과 조직의 성과를 동시에 고려하며, 강압이 아닌 소통과 피드백을 통해 목표 달성을 독려해야 한다.

☀ 동기부여하기: 왜 하는지 알게 하라

만일 구성원이 자신이 하는 일을 명확하게 이해하고 있다면 어떨까? 같은 목표를 향하더라도, 업무를 맡는 수준이 달라질 것이다. 축구 선수들이 전술 이해도에 따라 팀의 움직임이 달라지듯이, 조직에서도 마찬가지다. 이를 위해 대화를 하고 목표를 설정하는데, 만일 구성원이 이 일을 반드시 해야만 할 이유가 보태진다면 업무를 능동적으로 추진하는 자율성이 커질 것이다. 그래서 전체를 조망하고 그가 어디 위치에 있으며, 업무가 잘 추진되면 어떻게 변화하게 되는지 스스로 큰 그림을 그려보게 하는 것은 중요하다. 그냥 부품처럼 맡은 바 일을 왜 하는지도 모르면서 하는 것과는 차원이 다른 결과를 낳기도 한다.

다행히 우리 설계사들의 현장에서는 직무의 특성상 모두가 명확한 목표를 지니고 왜 그 일을 해야만 하는지, 또 그럴 때 어떤 성과와 보상이 기다리는지도 잘 이해하는 분들로만 짜여 있다고 생각한다. 현장은 매우 실전적이고 급박하며 바로 결과로 드러나기 때문에, 이를 충분히 숙지하고 자기 사업을 하듯이 모두가 해당 업무에 임하기 마련이다. 만일 다른 분야라면 구성원들에게 동기부여를 하는 과정에 심혈을 기울여야 한다.

즉 리더는 구성원을 동기부여하여 그들이 스스로 목표를 설정하고 추진하게 만드는 역할을 해야 한다. 구성원이 왜 일을 해야 하는지 스스로 깨닫고, 이를 통해 자발적으로 행동할 수 있도록 돕는 것이 진정한 리더의 역할이다. 강압적으로 지시하는 방식은 단기적인 성과를 가져올 수 있지만, 장기적인 조직 성장에는 도움이 되지 않는다. 리더는 구성원의 동기를 이끌어내고, 그들이 주도적으로 일할 수 있는 환경을 만들어야 한다.

맞춤형 소통으로 시작하는 동기부여

동기부여의 첫걸음은 구성원의 관심사를 이해하는 것이다. 앞서도 언급했듯이 장점을 발견하고 성심껏 칭찬하면서 그들의 진짜 목소리를 경청하는 단계에 이르는 것도, 실은 그들의 진짜 마음을 알아야만 동기부여를 적절하게 해줄 수 있기 때문이기도 하다. 구성원의 마음을 모르고, 개개인의 진짜 직업관도 모른 채 무작정 돈을 더 받을 수 있다고만 해서는 한계가 생긴다. 사람마다 동기를 자극하는 요소는 다르기 때문에, 이를 세심히 관찰하고 맞춤형 소통을 통해 관계를 형성해야 한다. 구성원의 관심사를 파악하고 이를 바탕으로 대화를 나누면, 그들의 동기를 자극하고 자발적인 참여를 유도할 수 있다.

또 나오지만, 여전히 중요한 성공 노트의 활용

자주 나오니 짧게만 언급하려고 한다. 성공 노트는 하루 동안의 활동을 기록하고, 잘한 점과 부족한 점을 정리하며 스스로 반성하게 만드는 도구다. 그의 관심사도 알 수 있고, 거기서부터 동기부여의 실마리가 풀릴 가능성이 있다. 일반적으로는 금전적 보상이 큰 게 합리적이지만, 때로는 그 이상의 다른 가치도 동기부여에 좋은 자극이 될 수 있다.

어떤 경우에는 단순한 칭찬, 진심 어린 응원만으로도 구성원의 열의를 불태우게 할 수 있다.

조직 전체의 성과로 이어지는 동기부여

동기부여는 단순히 개인의 성장뿐만 아니라, 조직 전체의 성과를 이루는 원동력이 된다. 리더는 구성원이 스스로 추진할 수 있는 환경을 조성하고, 그 과정에서 작은 성취를 칭찬하며 자부심을 고취시킨다. 또한, 대화와 신뢰를 바탕으로 구성원의 동기를 이끌어내며, 조직의 장기적인 성장을 위한 기반을 마련한다.

리더는 구성원이 왜 일을 해야 하는지 스스로 깨닫도록 돕는 동시에, 그들이 자발적으로 목표를 달성할 수 있는 여건을 조성해주어야 한다. 이러한 동기부여가 잘 되면 조직 내 긍정적인 문화가 형성되고, 구성원들의 역량을 극대화하는 데 유용하다.

☀ 권한 위임: 리더의 경험을 쌓게 하라

리더가 모든 것을 스스로 해결할 수 있다면 리더라는 말이 필요하지 않을 것이다. 하지만 리더가 혼자서 해결하는 것에는 한계가 있다. 세계적인 축구 스타인 메시도, 호날두도, 또 손흥민이나 살라도 혼자서 축구를 하면 세계의 어떤 프로팀과 싸워도 이길 수 없다. 5부리그 팀조차 월드스타 혼자와 싸우면 이길 확률이 100%에 가깝다. 조직에서는 너무도 당연한 상식이다.

리더가 아무리 뛰어나도 조직원 전체보다 더 나을 수는 없다. 그들이 어떻게든 일을 해주어야 조직이 돌아가기 때문이다. 그들의 브레인이자 조력자로서의 리더가 온몸으로 혼자 뛰려하는 건 리더의 역할을 제대로 모르는 것이라 할 수 있다.

결국 리더는 스스로 문제를 해결하는 것이 아니라, 구성원들이 자율적으로 성장할 수 있는 환경을 조성해주고 그들에게 임무를 부여해야 한다. 이를 위해 일정 부분 권한 위임을 하기 마련이다. 이러한 권한 위임은 단순한 역할 분담이 아니라, 구성원이 스스로 책임감을 가지고 문제를 해결하며 성장할 기회를 제공하는 과정이다. 리더는 조직의 본질을 이해하고, 지금 자신이 해야 할 일과 구성원들이 맡아야 할 일을 명확히 구분해야 한다. 이는 단순히 일을 나누는 것을 넘어, 조직의 효율성과 장기적인 발전을 위한 필수 요소다.

권한 위임의 핵심: 자율성과 책임감

권한 위임은 구성원들에게 단순히 일을 맡기는 것을 넘어, 그들이 스스로 목표를 설정하고 이를 달성할 수 있도록 자율성을 부여하는 것이다. 리더는 큰 틀을 제시하고 그 안에서 구성원들이 스스로 성장할 수 있는 환경을 만들어야 한다. 만일 구성원에게 스스로 성장할 기회를 주지 않으면, 결국 조직은 정체되고 리더는 모든 문제를 떠안게 된다.

권한 위임은 조직의 장기적인 성장에 필수적인 셈이다.

이때 자율성을 부여하는 것만으로는 충분하지 않다. 권한 위임은 반드시 책임감과 함께 이루어져야 한다. 구성원들이 자신에게 맡겨진 권한의 무게를 이해하고, 스스로 문제를 해결하며 성취감을 느낄 수 있도록 리더는 적절한 지원과 격려를 해야 한다.

리더의 존재감

권한 위임의 과정에서 리더는 구성원들이 스스로 문제를 해결하도록 한 발 물러서는 태도를 보여야 한다. 그렇다고 리더의 역할은 완전히 사라지는 것이 아니라, 필요할 때 '적절히' 개입하며 존재감을 보여주는 것이다. 참견이 되지 않으면서, 방관도 되지 않는 적절한 선을 나름대로 정해두는 것이 좋다.

리더는 모든 갈등이나 문제에 직접 개입하지 않더라도, 구성원들은 리더가 언제든 나타나 방향을 제시할 것이라는 신뢰를 가지고 일한다. 이는 리더의 지나친 개입으로 인해 구성원들이 성장 기회를 박탈하지 않으면서도, 조직의 질서와 방향성을 유지하는 데 효과적이다.

예를 들어, 구성원 간 갈등이 발생했을 때 리더가 즉각 개입하기보다는, 중간 실무자들과 논의하여 큰 방향만 제시하고 세부적인 사항은 실무자들이 해결하도록 했다. 이러한 방식은 실무자에게 리더로서의 권위를 부여하며, 팀의 자율성을 저해하지 않고 성장할 수 있는 환경을 조성했다.

역할 배분: 리더십의 효율화

권한 위임은 마치 자본 배분과 같다. 자본을 적절히 배분해야 투자 효율이 극대화되듯, 역할을 효율적으로 나누는 것은 조직의 생산성을 높이고, 구성원들의 역량을 최대한 발휘할 수 있게 한다. 리더는 지금 자신이 해야 할 일과 구성원들이 맡아야 할 일을 명확히 구분해야 한다.

리더는 중요한 의사결정과 조직의 방향성 설정에 집중하고, 세부적인 실행은 구성원들에게 맡기는 것이 효율적이다. 예를 들어 모두가 따를 만한 나이가 많은 지점장이 계시다면 그분께는 세부적인 영업보다 구성원들과 편하게 이야기하며 분위기를 조성하는 데 집중하라고 부탁할 수도 있을 것이다. 이는 구성원들과의 신뢰를 쌓으며 팀을 안정적으로 운영하는 데 효과적인 방법일 것이다.

이처럼 리더는 구성원의 역할과 권한을 적절히 분배하고, 각자가 맡은 일을 책임감 있게 수행하도록 이끌어야 한다. 이는 상급자로 올라갈수록 중요한 역량이며, 오너에게 요구되는 중요한 능력이다. 즉 오너는 특정 자리에 적합한 인재를 알아보는 안목이 있어야 한다고 하는데, 마찬가지로 리더에게도 이러한 역량이 필요하다.

권한 위임의 결과: 자율성과 성장

권한 위임은 구성원들에게 자율성을 부여하며, 그들이 스스로 문제를 해결하고 성장할 수 있는 기회를 제공한다. 리더는 구성원이 자율적으로 일할 수 있도록 신뢰를 보내며, 필요할 때만 개입해 방향을 제시하는 역할을 해야 한다.

결국, 권한 위임은 구성원들의 동기부여와 성장뿐만 아니라, 조직 전체의 효율성과 성과를 극대화하는 데 중요한 요소다. 리더는 자신이 모든 것을 해결해야 한다는 부담을 내려놓고, 구성원들에게 자율성과 책임감을 부여함으로써 조직을 더욱 강하게 만들 수 있다.

갈무리

갈무리: 동료와 함께 지속 가능한 성장을 하려면

조직의 성장은 사람에서 비롯된다. 사람이 곧 조직의 주체이기에, 그들과 함께 지속 가능한 성장을 이루려면 사람의 본질, 즉 감정과 신뢰를 이해하고 이를 중심으로 접근해야 한다. 동료와의 신뢰를 바탕으로 한 관계는 리더십의 출발점이자, 조직 전체의 성공을 이끄는 원동력이 된다. 이를 위해 리더는 먼저 다가가고, 신뢰를 쌓으며, 솔선수범하여 신망을 얻어야 한다. 신뢰받는 리더는 단순한 관리자가 아니라 동료의 역량을 일깨워 주는 조언자이자 지지자가 되어야 한다.

신뢰를 쌓는 리더의 첫걸음: 다가가기와 솔선수범

사람은 감정을 지닌 존재다. 따라서 동료와의 관계에서 가장 중요한 것은 신뢰다. 리더는 구성원이 자신을 신뢰할 수 있도록 먼저 다가가야 한다. 단순한 명령이나 지시가 아닌, 그들의 입장에서 고민하고 공감하며 함께할 수 있다는 메시지를 전달해야 한다.

솔선수범 또한 신뢰를 쌓는 데 필수적이다. 리더는 자신의 행동으로 구성원들에게 모범을 보여야 한다. 자신이 지키지 않는 원칙을 구성원들에게 강요할 수는 없다. 신뢰받는 리더는 솔선수범을 통해 말보다 행동으로 구성원들의 존경을 얻는다.

칭찬과 경청으로 동료의 역량을 일깨우기

구성원들에게 그들이 가진 역량이 충분하다는 사실을 일깨워 주는 것은 리더의 중요한 역할이다. 이를 위해 칭찬을 활용한다. 작은 성과라도 놓치지 않고 칭찬하면 구성원들은 자신감과 동기를 얻게 된다. 단순히 "잘했어"라고 말하는 것을 넘어, 구체적으로 무엇이 좋았는지를 언급하면 더욱 효과적이다. 이러한 칭찬은 결국 누군가와 신뢰를 쌓고, 그의 진짜 목소리를 듣고 싶은 것과 연관 있다. 만일 그가 진심을 드러내기 시작하면, 경청의 본격적인 단계가 시작된다.

당연히 경청도 신뢰를 구축하는 중요한 도구다. 구성원들이 애로사항을 공유할 수 있도록 리더는 열린 자세로 귀를 기울여야 한다. 구성원이 자신의 어려움을 털어놓을 때, 그들의 목소리를 진지하게 듣고 이를 해결하기 위한 노력을 하면, 그들은 자신이 조직의 중요한 일부라는 사실을 느낄 수 있다. 그리고 구성원이 어떤 고민을 하고 어떤 아이디어를 간직하고만 있는지 정확히 파악할 수 있기 때문에, 조직의 목표 달성을 위한 적절한 해법을 찾을 길이 열린다.

명확한 목표 제시로 방향 설정

동료와 함께 성장하려면 그들을 작은 리더로 키워서 능동적인 구성원으로 성장할 기회를 주어야 한다. 다만, 처음부터 갑자기 부담스러운 임무를 부여하는 게 아니라, 감당할 수 있는 임무부터 선명한 목표를 제시해야 한다. 구성원들에게 "우리가 이 방향으로 나아가야 한다"는 명확한 윤곽을 제시하면, 그들은 자신의 역량을 집중할 수 있다.

리더는 그들이 제대로 성장할 수 있도록 후방에서 지원하면서 그 과정을 지켜봐 주는 지지자의 역할을 해야 한다. 그런 과정에서 작은 리더로 성장하는 구성원들은 단기적이고 구체적인 목표부터 시작하여 점차 중기와 장기 목표로 확장해 나가면서 작은 성공의 경험을 쌓아나가는 것이 중요하다.

리더는 목표 설정 과정에서 구성원들과 소통하며, 그들이 목표의 중요성과 성취 시 얻을 수 있는 결과를 이해하도록 돕는다. 목표가 명확할수록 구성원들은 혼란 없이 효율적으로 움직일 수 있다. 이는 조직 전체의 방향성과도 맞물려, 모두가 하나의 목표를 향해 나아가도록 한다.

동기부여로 구성원의 열정을 끌어내기

구성원들이 자발적으로 일하도록 이끄는 것은 리더의 중요한 역할이다. 동기부여는 단순히 업무 지시를 넘어, 그들이 왜 이 일을 해야 하는지, 그리고 이를 통해 무엇을 얻을 수 있는지를 스스로 이해하도록 돕는 것이다.

리더는 구성원들에게 그들의 역량이 충분하다는 사실을 상기시키고, 이를 통해 더 나은 존재로 성장할 수 있다는 점을 강조한다. 예를 들어, "이 목표를 이루면 네가 이런 새로운 능력을 얻게 될 거야"라는 구체적인 설명으로 구성원들에게 동기를 부여한다. 더 나아가, 일을 통해 조직뿐만 아니라 자신의 미래에도 긍정적인 변화를 가져올 수 있다는 사실을 깨닫게 하는 것이 중요하다.

권한 위임으로 자율성과 성장 촉진

리더는 구성원들에게 권한을 위임해야 한다. 이는 구성원들이 직접 경험을 통해 성장할 기회를 제공하는 동시에, 조직의 효율성과 탄력성을 높이는 방법이다. 특히, 보험과 같은 분야에서는 권한 위임이 조직의 가능성을 확장하는 데 효과적이다.

리더는 구성원들에게 적절한 권한과 책임을 부여하며, 그들이 스스로 문제를 해결하도록 돕는다. 이 과정에서 리더는 모든 일에 직접 개입하기보다는 필요할 때 방향을 제시하고, 뒤에서 지원하는 역할을 맡는다. 이를 통해 구성원들은 자율성과 책임감을 느끼며, 스스로 리더로 성장할 수 있다.

그때 비로소 구성원들 각자가 작은 리더가 되어 조직의 목표에 부합하는 방향으로 팀워크를 발휘하게 되고, 그들 각자가 맡은 바 범위에서 능동적으로 업무를 추진하는 그림이 가능해진다. 리더는 작은 리더들이 오케스트라의 연주를 만들어낼 때 이것을 경청하고 조율하는 지휘자가 된다.

지속적 반복과 시행착오를 통한 성장

지속 가능한 성장은 한 번의 성공으로 이루어지지 않는다. 리더는 제대로 된 경청을 지속하기 위해 신뢰 구축의 노력을 지속해야 하며, 동시에 구성원들의 성장을 통해 함께 일을 추진하기 위해 목표 설정, 동기부여, 권한 위임의 과정을 꾸준히 반복해야 한다. 이 과정에서 시행착오를 겪는 것은 자연스러운 일이다. 중요한 것은 이러한 경험을 통해 구성원들이 점점 더 단단해지는 것이다.

리더는 구성원들이 실패를 두려워하지 않고 도전할 수 있도록 지지해야 한다. 시행착오를 통해 얻은 교훈은 개인의 성장뿐만 아니라 조직의 발전에도 중요한 자산이 된다. 시간이 지나면 구성원들은 스스로 작은 리더로서의 역할을 수행하며, 조직 전체가 단단하게 성장할 수 있다.

결국, 지속 가능한 성장은 신뢰에서 출발한다. 리더는 먼저 다가가고, 솔선수범하며, 구성원들과의 신뢰를 쌓아야 한다. 이를 바탕으로 칭찬과 경청을 통해 구성원들의 역량을 일깨우고, 명확한 목표와 동기부여, 권한 위임을 통해 그들이 스스로 추진하게 만들어야 한다.

꾸준히 반복되는 이 과정에서 구성원들은 작은 리더로 성장하며, 조직 전체는 더 탄력적이고 효율적인 구조로 나아가게 된다. 리더는 이를 지원하며 동료와 함께 지속 가능한 성장을 이루어야 한다. 그렇게 모두가 함께 성장할 때, 조직은 비로소 진정한 성공을 거두게 된다.

※ 인생에서 경험으로 배운 점

- 결국에 사람이 일한다. 사람 간의 신뢰를 소중히 여기고, 귀인을 대하듯 모든 사람을 대하자.

- 신뢰를 얻기 위해서는 먼저 솔선수범하고, 투명한 태도로 중심을 세우자.

- 신뢰를 얻기 위해서는 상대에게 먼저 다가가 장점을 발견해주고, 진심 어린 칭찬을 하는 법을 배우자.

- 성실한 대화를 하면서 구성원이 진심을 드러낼 수 있도록 기다리고, 그들의 진짜 목소리를 들을 때 성심껏 경청하자. 구성원이 깨어나는 때부터 조직의 발전 가능성은 더 커진다.

- 구성원들이 작은 리더가 되어 함께 성장할 수 있도록 옆에서 도와주자.

Chapter 3

성숙한 리더를 꿈꾸며

자기 성찰의 힘: 지속 가능한 성장을 위하여

개인적으로는 여전히 부족하고, 아직도 배워야 한다. 심지어 성숙한 리더도 아니다. 다만, 성숙한 리더가 되고자 하는 지망생이라 해두자. 그래서 성숙한 리더가 어떤 모습인지는 정확히 말할 수 없지만, 적어도 책이나 드라마에서 보이는 롤모델이나, 치열하게 고민하면서 막연하게나마 상상하는 리더의 모습은 있다. 그것이 온전히 성숙한 리더인지 모르겠고, 또 그렇게 될 수 있을지도 명확하지 않지만, 호손의 '큰바위 얼굴'을 생각하는 마음으로 늘 성숙한 리더의 모습을 그리게 된다.

나다니엘 호손의 〈큰바위 얼굴〉은 성숙한 리더가 되고자 하는 여정을 비유적으로 보여주는 이야기다. 주인공 어니스트는 늘 '겸손과 끊임없는 자기 성찰, 그리고 높은 이상을 추구하는' 인물을 기다리는데, 나중에 보니, 그것을 기다리고 있던 자신이 큰바위 얼굴을 닮았다는 소리를 듣게 된다. 즉, 늘 상상하며 그것을 닮으려는 태도가 결국 사람을 위대하게 만든다는 교훈을 준다.

어쩌면 이번 장은 내가 경험했다기보다는 경험하고자 하는 이상적인 미래의 모습일 것이다. 그러니 도달할 수 없을 모습일 수도 있으나, 조금씩 노력하다 보면 근처라도 가닿지 않을까 하는 마음으로 성숙한 리더를 묘사했다.

집현전 학사였던 최만리가 드라마 〈대왕 세종〉에서 했던 말이 떠오른다. 세종이 자신이 위선적일지 모른다고 하였더니 최만리는 이렇게 답하였다.

"그렇다면 계속해서 위선적으로 행동하시옵소서. 그렇게 위선적으로 행동하다 보면, 어느덧 그게 가면이 아니라, 진짜로 어진 군주의 얼굴로 드러나실 것이옵니다."

정확히 기억나지 않지만 이런 내용이었던 것 같다. 여기서 '위선'이라는 말이 거슬린다면 '치열한 노력'이라고 해보자.

아직은 성숙한 리더가 아니지만, 좋은 리더로 성장하기 위해 치열한 노력을 하다 보면 조금은 나아진 내 모습을 보게 되지 않을까 하는 마음으로 이번 장을 적었다.

☀ 세 가지 경청: 지금보다 더 나은 리더가 되려면

리더는 완성형이 아니라 성장형이다. 리더십은 단번에 완성되는 것이 아니라, 끊임없는 자기 성찰과 경험의 축적으로 발전하는 과정이다.

더 나은 리더가 되기 위해 필요한 것은 단순한 기술보다는 좀 더 본질적인 것이다. 자신의 내면과 외부 상황, 그리고 타인의 조언을 듣는 경청의 자세가 무엇보다 중요하다. 세 가지 경청은 리더가 자신의 중심을 바로 세우고, 조직과 동료들을 이끌며, 지속적으로 성장하는 길을 제시한다.

첫 번째 경청: 자기 내면의 소리를 듣다

첫 번째 경청은 자신의 내면에서 울리는 말을 듣는 것이다. 리더가 자신의 내면에 귀를 기울이지 않는다면, 무엇을 원하는지조차 모른 채 표류할 가능성이 크다. 작은 조직의 리더라면 자신이 원하는 바를 따라 과감하게 선택하고 책임질 수 있다. 그러나 조직이 커질수록 얽힌 이해관계가 많아지므로, 리더는 자신의 내면을 성찰하며 중심을 세워야 한다.

이 경청은 스스로에게 질문을 던지는 과정이다.

"나는 무엇을 원하는가?"

"지금 내 선택이 조직과 동료들에게 어떤 영향을 미칠 것인가?"

내면의 소리에 귀를 기울이면 자신이 어디에 서 있는지 명확히 알 수 있고, 스스로에게 동기부여를 할 수 있다. 자신을 먼저 이해해야 남의 이야기도 온전히 들을 수 있다. 이 과정을 통해 리더가 자신만의 방향을 설정하고, 왜 리더의 역할을 수행해야 하는지 점검하게 된다.

두 번째 경청: 현실의 소리를 듣다

두 번째 경청은 지금 처한 현실의 상황을 정확히 파악하는 것이다. 리더는 원하는 것을 추구하기 전에, 현실적인 데이터와 상황을 분석해야 한다. 실현 가능성이 있는 계획인지, 현재의 자원과 조건이 이를 뒷받침할 수 있는지를 따져야 한다. 현실의 소리를 듣지 않으면 이상적인 목표는 공허한 구호로 끝나버릴 수 있다.

이 경청은 외부의 소리에 귀를 기울이는 과정이다. 구성원들의 애로사항과 건의를 듣고, 현장에서 일어나는 문제를 이해하며, 이를 조율할 방법을 모색한다. 이는 구성원이 겪는 어려움을 듣고 이를 해결하기 위한 방안을 제시하거나, 조직 내에서 개선할 부분을 찾아내는 것이 포함된다.

이러한 두 번째 경청은 외부와의 소통을 본격화하는 단계다. 현장의 소리를 들으며 조직과의 협력을 이끌어내는 과정은 리더십에서 중요한 단계다. 이 과정에서 리더는 자신의 비전과 조직의 현실을 조율하며, 계획을 세우고 우선순위를 설정할 수 있다.

세 번째 경청: 주변의 조언을 듣다

세 번째 경청은 주변의 조언을 듣는 것이다. 이 경청은 독서를 통해 새로운 관점을 배우거나, 경험이 풍부한 선배나 동료의 의견을 듣는 방식으로 이루어진다.

리더는 고수와의 대화나 책에서 얻은 통찰을 통해 리더가 나아가야 할 방향을 더 선명히 그릴 수 있다. 이 경청을 통해 리더는 다양한 조언을 수용하여 자신만의 리더십 스타일을 개발할 수 있다.

특히 글쓰기를 통해 자신이 배운 점과 내면의 생각을 정리하면, 이 경청은 다시 첫 번째 경청으로 이어진다. 글을 쓰는 과정에서 내면의 소리가 선명해지고, 자신이 진정으로 원하는 것이 무엇인지 명확해진다. 경청의 단계가 순환하는 셈이다.

경청의 순환: 성장하는 리더의 자세

세 가지 경청은 독립된 과정이 아니다. 첫 번째 경청은 내면의 소리를 듣고 중심을 세우는 것이고, 두 번째 경청은 현실의 소리를 통해 실행 가능한 계획을 세우는 과정이다. 마지막으로, 세 번째 경청은 외부의 조언을 통해 통찰을 얻고, 다시 내면의 소리로 돌아가는 순환을 완성한다.

이러한 경청의 순환을 통해 리더는 더 나은 방향으로 성장할 수 있다. 리더는 내면의 성찰을 통해 자신을 이해하고, 현실의 소리를 통해 조직의 상황을 파악하며, 조언을 통해 배움을 얻는다. 이러한 과정을 지속적으로 반복할 때, 리더는 성숙함을 갖추게 되고, 더 큰 영향력을 발휘할 수 있다고 믿는다. 이 과정에서 리더는 중심을 바로 세우고, 동료들에게 신뢰받는 존재로 자리 잡을 수 있다.

이처럼 경청은 성찰과 소통, 그리고 성장을 통해 더 나은 리더가 되는 여정이다. 이를 통해 리더는 조직과 개인 모두에게 긍정적인 변화를 이끄는 진정한 리더로 거듭날 수 있다.

☀ 자기 성찰의 확대: 좋은 것을 함께하면 오래 할 수 있다

성장은 멈추지 않는 변화에서 비롯된다. 그리고 변화는 자기 성찰에서 시작된다. 좋은 리더는 스스로를 돌아보고, 더 나은 방향으로 나아갈 방법을 찾는 데 주저하지 않는다. 이를 바탕으로 주변과 함께 성장할 수 있는 길을 찾는 노력을 해야 한다. 내 경우에는 이 과정에서 독서, 글쓰기, 그리고 시뮬레이션을 통해 리더의 역할을 고민하고, 미래의 리더를 상상하며 다양한 미덕을 배우고 있다.

그리고 이를 모두와 함께 알고 싶었다. 혼자서 하면 아무리 좋은 것도 쉽게 포기할 수 있는데, 함께하면 오래 할 수 있기 때문이다.

독서를 통한 성장

독서는 가장 강력한 성장의 도구였다. 처음에는 억지로 책을 읽기 시작했지만, 점차 책이 삶의 나침반이 되어 주었다. 회사에서 북클럽을 통해 억지로 접한 첫 책은 한근태 대표님의 『몸이 먼저다』였다. 이 책을 통해 건강의 중요성을 배우고, 다른 본부장들이 이를 실천하는 모습을 지켜보며 나도 변화해야 한다는 생각을 하게 됐다.

그런가 하면 사이토 히토리의 『부자의 운』이라는 책을 읽으면서 독서가 내 삶을 바꿀 수 있는 도구라는 것을 알게 되었다. 그 이후로 매주 한 권씩 책을 읽으며, 책 속에서 세상의 고수들을 만나기 시작했다. 고수들의 통찰을 삶에 적용하며, 나만의 방향을 찾아갔다.

책을 읽으며 배운 것들을 정리하거나 필사하는 습관도 나를 단단히 세워주는 데 큰 역할을 했다. 이는 단순히 지식을 쌓는 것을 넘어, 그 지식을 삶의 일부로 만드는 과정이었다. 독서는 나에게 성장의 에너지를 제공했고, 이 에너지를 조직의 동료들과 나누며 함께 변화하는 경험을 만들어갔다.

글쓰기를 통한 자기 성찰

독서가 나를 변화의 길로 이끌었다면, 글쓰기는 내면의 소리를 더 깊이 들을 수 있는 도구였다. 하루의 활동을 기록하며 잘한 점과 부족한 점을 정리하는 성공 노트처럼 나 자신을 돌아보는 습관을 들였다. 하루를 돌아보며 나의 행동과 결과를 분석하다 보면, 내가 어디에 집중해야 하는지 더 명확히 알 수 있었다.

글쓰기는 나를 점검하는 데 있어 필수적인 도구가 되었다. 내가 배운 것들을 글로 정리하면서 인류의 농축된 지식을 여러 번 곱씹을 수 있었다. 글쓰기를 통해 나 자신과의 대화를 이어갔다. 이는 일종의 수양 같았다. 꼭 산에 들어가 가부좌를 트는 것만이 수양은 아니라고 본다. 글로 지금의 나를 쓰기도 하지만, 앞으로 어떤 사람이 되고 싶은지도 정리해보게 된다. 나를 되돌아보거나 상상하는 것에 글쓰기보다 좋은 것은 없는 것 같다.

새벽 시간에 일어나 글로 나를 정리하는 경험은 너무나도 소중하다.

시뮬레이션을 통한 리더십 훈련

성숙한 리더가 되기 위해 중요한 것은 내가 어떤 리더가 되고 싶은지를 구체적으로 상상하는 것이다. 나는 종종 "내가 CEO라면 이 상황에서 어떻게 할까?"를 스스로에게 질문하며 시뮬레이션 훈련을 했다. 이 과정에서 단순히 피상적인 상상에 그치지 않고, 실제로 조직의 문제를 어떻게 해결할지 고민하고 실행 방안을 모색했다. 성실하게 어떤 상황을 상상하는 건 매뉴얼을 만들고, 수없이 시뮬레이션 해서 치명적인 오차를 대비하는 것이기도 하며, 동시에 갑자기 예상했던 상황에 맞닥뜨려야 할 때 과제를 탁월하게 해낼 모의 훈련이기도 하다. 수능을 치르는 수험생이 되도록 시험 상황과 같은 조건으로 모의 수능을 치르는 것과 유사하다. 그걸 하지 않으면 모든 게 새롭게 다가오지만, 수없이 연마한다면, 처음 접했더라도 빠르게 대응이 가능해진다.

그런 면에서 시뮬레이션은 더 높은 시각에서 예상 문제를 바라보는 방법을 가르쳐 주었다. 내가 보험을 처음 시작했을 때, 상위 리더의 관점에서 문제를 해결하려고 노력했던 경험은 지금까지도 내 리더십의 중요한 밑바탕이 되고 있다.

마찬가지로, 성숙한 리더가 어떤 것인지 책이나 경험을 통해 구상하고 이러한 수준에 이르고자 모의 연습을 하는 것은 중요한 과정이라고 생각한다. 가족 공동체든 친구를 만나는 자리든 어느 곳에서도 리더의 성숙함이 필요한 곳은 많다. 모든 곳이 시험장인 셈이다.

좋은 것을 함께하면 오래 할 수 있다

성장은 혼자서 이루어지는 것이 아니다. 나는 독서와 글쓰기를 통해 얻은 에너지를 동료들과 나누며, 조직의 문화를 변화시켜 나갔다. 특히, 본사와는 별도로 독서 모임을 자체적으로도 운영하며 구성원들이 서로를 이해하고 유대감을 강화하는 계기를 만들었다. 이러한 활동은 업무 외적으로도 동료들이 서로를 더 깊이 이해할 수 있는 기회가 되었다.

지금도 나는 성숙한 리더가 되기 위해 독서와 글쓰기, 그리고 시뮬레이션을 통해 끊임없이 자기 성찰을 이어가고 있다. 이 과정에서 좋은 것을 동료들과 나누고, 함께 성장할 수 있는 환경을 만들어가는 것이야말로 리더로서의 가장 큰 기쁨이다.

좋은 것을 함께하면 오래 할 수 있다. 나의 변화는 혼자 이루어진 것이 아니라, 동료들과 함께 나눈 에너지를 통해 더욱 깊어졌다. 앞으로도 독서를 통해 더 많은 고수를 만나고, 글쓰기를 통해 자신을 돌아보며, 시뮬레이션을 통해 더 나은 리더로 성장하고 싶다. 그렇게 우리는 함께 더 나은 미래를 만들어갈 것이다.

☀ 안정감 있는 리더십: 일관성과 균형의 미학

리더는 어느 정도는 안정감이 있는 것이 좋다. 안정감 있는 리더는 구성원들에게 신뢰를 주고, 조직 전체에 긍정적인 분위기를 조성한다. 그러나 안정감을 유지하기 위해 필요한 것은 단순한 감정 억제가 아니다. 리더는 감정을 조절하며 균형 잡힌 태도를 보여야 한다. 지나치게 예측 가능하면 진부해지고, 반대로 지나치게 변덕스러우면 신뢰를 잃을 수 있다. 리더십은 이 두 극단 사이에서 균형을 잡는 예술이다.

감정 컨트롤: 정서적으로 안정된 리더

리더로서 감정의 기복을 최소화하는 것은 필수적이다. 기쁜 일이 있어도 지나치게 들뜨지 않고, 슬픈 일이 있어도 감정적으로 흔들리지 않는 태도는 구성원들에게 안정감을 준다. 이는 마치 교수의 표정 하나가 학생들의 집중도를 좌우하듯, 리더의 태도가 조직의 분위기를 결정짓는 것과 같다.

감정을 조절하는 리더는 자신은 물론, 구성원들의 스트레스도 덜어준다. 지나친 감정 표현은 구성원들에게 혼란을 줄 수 있다. 예를 들어 리더가 작은 성공에도 과도하게 들뜨거나, 사소한 실패에 지나치게 낙담한다면, 구성원들로서는 리더가 인간적인 매력을 넘어선 나약함 때문에 불안해진다. 리더는 어느 정도는 인간적으로 다가갈 매력도 있으면 좋지만, 구성원이 리더를 책임져야 할 상황이 오는 것은 원하지 않는다. 믿고 따라야 할 리더가 되어야지, 보살펴야 할 리더가 되어서는 곤란하다. 리더는 감정적으로 흔들리지 않는 모습을 통해 조직의 중심을 잡아야 한다.

예측 가능하되 진부하지 않게

그렇다고 리더가 지나치게 예측 가능한 사람이 되어서도 안 된다. 관성적으로 안정감을 주어서 '뻔하다'는 인식이 생기면 리더십의 동력이 떨어지고, 긴장감을 잃은 조직에 정체감을 줄 수 있다. 구성원들은 새로운 방향성과 창의적인 해결책을 기대하지만, 늘 같은 방식만 고집하는 리더는 그 기대를 충족시키지 못한다.

반대로, 지나치게 변덕스러운 리더도 문제가 된다. 변덕은 리더의 결정을 신뢰하기 어렵게 만든다. 오늘의 방침과 내일의 방침이 다르면, 구성원들은 리더의 지시에 따라 움직이는 데 혼란을 겪게 된다. 결국 리더는 일관성을 유지하면서도, 상황에 맞는 유연한 태도를 보여야 한다. 이는 리더십의 안정감과 변칙적 자극 사이에서 균형을 유지하는 데 중요한 요소다.

자기 성찰과 중심 잡기

안정감 있는 리더십은 자기 성찰에서 비롯된다. 리더는 자신의 감정 상태를 돌아보고, 불필요한 기복을 줄이기 위한 노력을 해야 한다. 포용력 있는 리더가 되려면, 먼저 자신의 무게중심을 단단히 세워야 한다. 자기 성찰 없이 외부의 의견을 받아들이는 것은 단순한 반응에 그칠 수 있다. 반면, 내면이 안정된 리더는 외부의 소리를 경청하면서도 중심을 잃지 않는다.

자기 성찰은 리더십의 중요한 준비 운동과도 같다. 리더는 자신이 감정적으로 흔들릴 때 조직에 미칠 영향을 미리 파악하고, 이를 조절할 방법을 찾아야 한다. 심호흡이나 명상이나 독서나 음악 듣기, 취침과 같이 실용적인 해법 등 자기만의 방식이 있을 것이다.

안정된 리더는 구성원들의 말을 더 잘 들어줄 수 있고, 경청을 통해 관계를 강화할 수 있다.

경청을 위한 준비: 균형 잡힌 태도

리더가 감정적으로 흔들리는 모습을 자주 보인다면, 구성원들은 리더의 경청을 안정되게 받아들이기 어려워진다. 리더가 구성원의 의견을 들을 준비가 되어 있음을 보여주려면, 먼저 자신의 감정 기복을 다스리고 안정적인 태도를 유지해야 한다. 이때 구성원들은 리더가 일관된 태도로 자신들의 이야기를 들어줄 것이라는 믿음을 갖고, 더 적극적으로 소통하려 한다. 이는 조직 내 원활한 커뮤니케이션과 협력을 이끌어내는 중요한 기반이 된다.

감정을 조절하고, 자신의 무게중심을 유지하며, 경청을 통해 구성원들과 소통하는 리더는 조직의 중심 역할을 충실히 해낼 수 있다. 안정감 있는 일관성은 구성원들의 신뢰와 존경을 얻는 데 기여하며, 더 큰 변화를 이끌어낼 수 있는 밑바탕이 된다.

☀ 정직성과 신뢰를 바탕에 둔 리더십

정직은 단순히 진실을 말하는 것을 넘어, 리더가 자신의 말과 행동에 일관성을 유지하며 책임지는 태도를 의미한다. 투명성은 정직을 통해 드러난다. 정직해야 진정으로 투명할 수 있다. 남에게 불리한 자료를 이해관계에 따라 투명하게 공개한다면 거기서는 분란의 불씨가 남듯 윤리적으로 직무에 충실하려는 정직한 태도가 중심에 서 있어야 진정한 의미로 공정하게 투명할 수 있다는 의미다. 구성원들이 리더의 정직함을 인정하면 그의 행동이 의심받는 경우가 적어진다. 그렇게 신뢰가 쌓여 구성원들이 리더를 따르고, 조직이 공동의 목표를 향해 나아갈 수 있게 만드는 기본적인 기반이다. 이러한 정직성과 신뢰를 바탕으로 한 리더십은 조직 내 소통을 원활하게 하고, 리더와 구성원 간의 유대감을 강화하며, 더 나아가 조직의 지속 가능한 성장을 이끌어낸다.

정직을 바탕에 둔 소통의 리더십

리더십에서 정직은 신뢰를 형성하는 가장 강력한 도구다. 리더가 솔직하게 소통하지 않는다면, 구성원들은 리더의 말을 의심하거나 따르기 어렵다. 정직한 리더는 조직 내 갈등 상황에서도 자신의 의견을 솔직히 표현하고, 구성원들의 의견을 경청하며, 상호 이해를 바탕으로 문제를 해결한다. 정직한 사람이 착한 거짓말을 한다면, 사람들은 그만한 이유가 있을 것으로 여기게 된다. 그 사람이 나쁜 의도로 상대를 해하려고 그러는 것은 아니라는 믿음도 그 사람의 정직함을 오래도록 봐왔을 때 견고해진다.

그래서 평소의 정직성이 중요하며, 이를 다른 표현으로 바꾸자면 '덕'일 것이다. 문자 그대로 반드시 모든 약속을 기계적으로 지키는 것은 상황에 따라 현실적으로 어려울 수 있다. 다만, 그러한 방향을 위해 최선을 다하면서, 무엇보다 어떤 선택을 하더라도 그것이 공동체의 유익을 위한 것이라는 믿음을 줄 수 있다면 성공적이다. 이것을 예전에는 '덕이 있다'는 것으로 표현했는데, 개인적으로는 약간 다른 뜻이 있더라도 좀 더 흔하게 쓰이는 표현인 '정직성'으로 대신했다. 또는 '순도 95%의 정직성'이라고 해도 좋은데, '5%의 예외'조차 부패와 관련된 게 아니라 착한 거짓말이어야 할 것이다. 내게 정직한 리더는 '공동체의 건설적 유익에 진심인 사람'인 셈이다.

사실 유명한 기업가들이 수많은 지혜를 축적해놓은 책대로만 해도 된다. 거기에는 기업의 리더로서 해야 할 실천 덕목을 나열되어 있다. 모두가 그것을 좋다고는 하지만, 또 많은 이들이 그대로 행하지는 않는다. 만일 그게 좋다고 말했고 '그대로 하겠다'고 했다면 정직하게 이를 실천하려는 노력을 해보아야 한다.

완벽하지 않아도 좋다. 노력하다 보면 근처에는 가닿을 것이기 때문이다. 그러면 대개 잘 될 것이지만, 실제로는 그런 '정답에 가까운 해법'을 따르지 않고 조직의 건전성을 방해하는 선택을 하기도 한다. 만일 정직한 진리를 말로만 외치고, 실제로는 쉬운 편법을 선택한다면 결국에는 더 돌아가게 된다고 생각한다.

생각 노트

내 경우에 아이디어를 새로운 각도로 볼 때는 많은 사람들이 그 아이디어에 질문하는 것을 기억해두는 편이다.

'정직 말고는 없나?'

'여기서 정직이란 정확히 우리가 아는 그 정직일까?'

라는 질문들이 그렇다.

하지만 이 경우에도 날카롭게 질문하지 못한다면 무의미해질 때가 있다.

그럴 때면 반례를 드는 것이 그나마 쉬운 것 같다. 예를 들어 "그러면 하얀 거짓말도 하지 말아야 하나?"와 같은 것이다.

그리고 그런 반례를 만나면 갑자기 고민에 빠진다.

'무조건 순도 100% 정직해야 하나?'

'아니면 하얀 거짓말을 하는 경우도 인정해야 하나? 이것도 정직함이라고 해야 하나? 정직하지 않으면 부정직한 거 아닌가?'

하는 여러 생각이 꼬리를 문다. 그러다 보면 이러한 두 시각을 모두 품고 싶은 생각이 들게 된다. 그리고 필사적으로 정돈해보는 것이다.

이건 또 달리 보면 모두와 함께 가고 싶은 마음과 관련 있다. '정직한' 사람 그리고 '하얀 거짓말을 하는' 사람 모두와 함께 살아야 하는 곳이 공동체다. 그 선을 지나치게 넘으면 함께 가기 어렵겠지만, 최선을 다해서 모두와 함께하려는 노력을 해보게 된다.

두 가지 생각이 다르다고 해서 반드시 대립하는 것이 아니라는 기대 때문에 이런저런 시도를 해보게 된다.

솔선수범하지 않아도 될 만큼 신뢰가 형성된 리더십

리더가 정직하다면, 업무에 솔선수범할 가능성이 높다. 구성원에게 '솔선수범하라'고 할 것이고 자신이 내뱉은 말을 지키려고 할 것이기 때문이다. 그런데 솔선수범에 자신이 없는 리더가 그 말을 아끼면서 조금은 게으르다고 해도, 리더가 자기 역할에 정직하다면, 어쨌든 구성원들은 리더가 자기 역할에 책임을 질 것이라는 신뢰가 형성된다.

개인적으로는 정직성을 바탕에 둘 때 솔선수범이든 투명성이든 좋은 미덕이 드러난다고 믿는 편이다. 리더는 솔직한 소통을 통해 구성원들과 유대를 강화하고, 되도록 솔선수범을 통해 진정성을 보여주며, 자기 성찰을 통해 리더십과 삶의 균형을 유지해야 한다. 이러한 리더십은 조직 내 긍정적인 문화를 형성하고, 구성원들의 신뢰와 존경을 얻으며, 궁극적으로 조직의 지속 가능한 성장을 이끌어낸다.

정직하고 신뢰할 수 있는 리더는 조직과 구성원 모두에게 영감을 주는 존재다. 리더로서의 완성은 정직과 신뢰를 바탕으로, 더 나은 방향으로 성장하려는 끊임없는 노력에서 비롯된다.

정직성이 돋보였던 존슨앤드존슨의 리더, 제임스 버크

1982년, 미국 시카고 지역에서 타이레놀 캡슐형 약품에 청산가리가 혼입된 사건이 발생해 7명이 사망했다. 이는 누군가 제품을 악의적으로 변조한 사건이었고, 존슨앤드존슨의 제품 안전성에 대한 소비자 신뢰가 크게 흔들릴 위기에 처했다.

회사는 초기 손실이 1억 달러에 이를 것으로 예상되는 상황에서도 전국에 배포된 약 3,100만 병의 타이레놀을 자발적으로 회수했다. 이는 회사 측 과실이 아니었음에도 소비자 안전을 최우선으로 한 결단이었다.

사건 초기부터 CEO를 포함한 회사 고위층은 언론과 소비자들에게 사건의 진행 상황을 투명하게 공유하며 기업의 책임을 회피하지 않았다. 소비자에게 정직하게 다가감으로써 신뢰를 얻었다.

사건 이후, 존슨앤드존슨은 새로운 안전 포장 시스템(비닐 밀봉, 단단한 캡슐 구조)을 도입하고, 다른 제약회사들도 이를 따라 하게 되었다. 이로 인해 제약업계 전체의 안전 기준이 강화되는 계기가 되었다.

타이레놀 독극물 사건은 기업 역사상 가장 큰 위기 중 하나였으나, 존슨앤드존슨은 정직성과 소비자 중심의 대응으로 위기를 극복했다. 사건 후 1년이 채 지나지 않아 타이레놀은 미국 진통제 시장 점유율의 35%를 회복했고, 존슨앤드존슨은 신뢰받는 기업으로 자리 잡았다.

존슨앤드존슨의 사례는 정직하고 책임 있는 리더십이 단기적인 손실을 감수하더라도 장기적으로 기업 신뢰를 회복하고 성장으로 이어질 수 있음을 보여준다.

☀ 실수를 인정하는 용기의 리더십

리더십에서 실수를 인정하는 용기는 성공과 실패를 연결하는 다리와 같다. 누구도 완벽하지 않기에 실수는 불가피하다. 그러나 실수에 어떻게 대처하느냐에 따라 리더의 진정성을 의심받기도 하고, 오히려 권위가 강화되기도 한다. 그리고 대개 실수를 부정하거나 감추는 태도는 조직 내 갈등을 심화시킨다. 왜냐하면 대개 조직에서 실수를 인정할 만한 지점에서는 여러 사람의 개입이 있기 마련이고, 자신이 그 결과에 대해 온전히 책임지려 하지 않는다는 인상을 준다면, 누군가에게 그 책임의 부담이 돌아가기 때문이다. 즉, 책임을 회피하면 리더의 권위는 흔들리게 된다.

실수를 인정하는 용기: 믿고 따르게 하는 인간적인 결단

물론 리더는 실수를 인정하는 데 있어 신중해야 하지만, 실수를 인정해야 할 시점에 이를 회피한다면 큰 문제를 초래한다. 진정성 있는 리더는 자신의 부족함을 솔직히 드러내며, 이를 통해 구성원들과 신뢰를 쌓는다. 그럴 때 구성원들은 안심하고 리더를 신뢰하며 자신의 맡은 바 일에 성실해질 수 있다. 리더의 꼼수에 대비하기 위한 안전망을 구축하느라 쓸데없는 대비도 하지 않을 것이다.

즉, 리더가 실수를 인정하는 것은 리더가 자신의 행동에 대한 책임을 다할 준비가 되어 있음을 보여주는 것이다. 이러한 태도를 흔들리지 않고 보여준다면, 구성원들에게도 실패를 두려워하지 않고 도전할 수 있는 환경이 조성된다. 리더부터 실패를 성공을 위한 과정으로 여기고,

구성원에게 모범을 보인다면, 이는 조직 내 혁신과 성장의 밑거름이 될 것이다.

실패와 시행착오: 성공의 밑거름

성공은 시행착오를 통해 다져진다. 실패를 경험하지 않은 사람은 성공을 이룬 뒤에도 이를 유지하기 어렵다. 실패는 그 자체로 값진 경험이며, 이를 통해 우리는 다음 단계로 나아갈 방법을 배우게 된다. 마치 동굴을 뚫는 물방울처럼, 한 방향으로 꾸준히 나아가는 작은 노력들이 결국 거대한 결과를 만들어낸다.

리더는 실패를 단순히 부정적인 경험으로 보지 않고, 조직의 성장을 위한 필연적인 과정으로 이해해야 한다. 실패의 과정에 포함되기 마련인 실수를 인정하는 것 역시, 다시 실수를 반복하지 않기 위해 모두와 머리를 맞대려는 과정이다. 이는 실패를 통해 얻은 경험이 문제를 해결하는 데 있어 가장 중요한 자산이라는 믿음에서 비롯된다. 리더 역시 이러한 태도를 통해 시행착오를 자산으로 삼고, 이를 구성원들과 공유해야 한다.

신중함을 유지하고 실수를 줄이는 노력

실수를 인정하는 용기는 중요하지만, 이를 남발하는 태도는 경솔하다는 인상을 줄 수 있다. 따라서 리더는 항상 신중하고 진중하게 움직여 실수를 줄이기 위한 노력을 게을리 하지 않아야 한다. 이는 리더의 책임감과 전문성을 구성원들에게 보여주는 과정이기도 하다. 리더는 신중한 판단과 따뜻한 소통을 통해 발생한 실수를 책임 있게 받아들여 개선하려는 모습을 보여야 한다. 이렇게 균형 잡힌 리더십은 조직 내 안정감과 신뢰를 동시에 구축한다.

실수를 인정하는 것은 끝이 아니라 시작이다. 리더는 자신의 실수를 돌아보며 배움을 얻고, 이를 바탕으로 다음 단계를 준비해야 한다. 실수를 통해 얻은 통찰은 리더 자신뿐만 아니라 조직 전체의 성장으로 이어진다. 리더는 실수를 통해 자신도 성장해야 하는 사람이라는 동질감을 공유하면서 "한 걸음 더 나아가면 빛이 보일 것"이라는 믿음을 구성원들과 공유해야 한다. 이는 단순히 희망을 전달하는 것을 넘어, 조직이 더 나은 방향으로 나아가는 원동력이 된다.

이처럼 진정성 있는 리더는 자신의 실수를 인정할 줄 아는 용기를 통해 역설적으로 조직의 팀워크를 강화하는 지혜를 얻을 수 있다. 이 과정에서 신중함을 잃지 않고, 실수를 줄이기 위한 끊임없는 노력을 이어가야 한다. 그리고 실수를 인정하는 용기와 신중함이 어우러질 때, 리더십은 더욱 성숙해질 것이다.

❧ 실수를 인정하는 사례로 돋보였던, 스타벅스의 하워드 슐츠

2008년, 세계 금융 위기와 함께 스타벅스는 빠르게 확장하면서 본질적인 서비스 품질이 저하되었고, 고객 신뢰가 흔들리며 매출이 급감했다. 당시 하워드 슐츠는 CEO로 복귀해 회사의 위기를 타개하려 했다.

하워드 슐츠는 확장 위주의 경영 방침이 회사의 핵심 가치를 희석시

켰다고 직접 인정했다. 그는 직원들에게 보낸 메모에서 "우리는 길을 잃었다"라고 말하며, 회사가 본질로 돌아가야 한다고 선언했다.

그는 커피 품질 유지와 고객 경험 향상을 위해 미국 전역의 모든 매장을 하루 동안 폐쇄하고 직원들에게 에스프레소 추출과 고객 응대에 대한 재교육을 시행했다.

이 조치는 비용적으로 큰 손실을 의미했지만, 실수를 바로잡겠다는 강한 의지의 표현이었다. 그는 고객 경험을 중심으로 전략을 재편하며, 로컬 커뮤니티와의 연결, 프리미엄 원두 사용 등 스타벅스의 핵심 가치를 되살렸다.

슐츠의 실수를 인정하고 개선하려는 리더십은 직원과 고객의 신뢰를 회복했고, 스타벅스는 빠르게 회복세에 접어들어 글로벌 브랜드로 더욱 강력히 자리 잡았다.

자기를 세련되게 드러내고 남을 소중히 아우르는 태도

진정으로 경청하려면 리더 자신이 단단하고 안정된 중심을 가져야 한다. 이 중심은 겸손에서 비롯된다. 겸손한 태도는 경청의 주요한 덕목이며, 이를 위해 리더는 끊임없는 자기계발과 성찰에 힘써야 한다.

진정한 겸손: 내실 있는 자신감에서 시작된다

겸손은 단순히 자신을 낮추는 것이 아니다. 진정한 겸손은 내실 있는 자신감에서 비롯된다. 리더는 자신을 믿고, 자신이 가진 가치를 인정하면서도 타인의 의견을 존중할 줄 알아야 한다. 내실 없는 겸손은 위선으로 비치기 쉽다. 실제로는 거만하면서 겸손한 척하는 것과는 또 다른 방식의 위선인 셈이다.

즉 겸손하려면 우선 내면이 실력으로 충실해야 한다. 예를 들어 나이 어린 사람이 "제가 나이가 어려서…"라고 하면, 이건 사실이다. 그런데 나이도 지긋한 분이 "제가 아직 부족한 게 많아서"라고 하면 일단 자세를 고쳐잡게 된다. 세계적인 아티스트가 "제가 아직 세상을 잘 몰라서…"라고 하면 어쩐지 겸손한 태도로 보이지만, 수갑 차고 포토라인에 선 범죄자가 "제가 아직 세상을 잘 몰라서…"라고 하면 혀를 쯧쯧 차게 된다.

결국 그동안 쌓아온 내공이 대단한데도 일관되게 상대에게 성실할 때 그 사람을 겸손하다고 느끼게 된다.

자기성찰: 리더십의 성장 동력

'겸손한 척'하는 게 아니라 진정한 겸손으로 보이려면 자기 성찰을 멈추지 않아야 하고, 리더로서의 역량을 키우기 위해 꾸준히 노력해야 한다. 가진 것이 많아야 남들을 도와줄 수 있다. 그러한 역량이 내면에 축적된 사람이 상대의 마음을 헤아리며 다가갈 때 비로소 우리는 그것을 겸손한 태도라 부른다.

그런 점에서 리더가 겸손하려면 끊임없이 배우고 성장해야 한다. 독서는 이러한 자기계발의 중요한 도구다. 고수들의 지혜를 책을 통해 배우다 보면 리더가 자신의 부족함을 깨닫게 된다. 독서를 통해 배운 리더는 스스로를 자랑할 필요가 없다. 대신, 내실 있는 겸손을 바탕으로 구성원들과 함께 성장하며 신뢰를 쌓아간다. 겸손한 리더는 자존감을 기반으로 상대를 진심으로 존중하고 배려할 수 있다.

존중과 배려로 완성되는 겸손

이처럼 겸손은 자기성찰을 동반한다. 겸손한 리더는 구성원들에게 신뢰와 편안함을 제공한다. 겸손한 태도는 리더가 자신의 부족함을 인정하고, 구성원들과 솔직한 소통을 가능하게 만든다. 진심으로 가득 찬 겸손은 구성원들이 리더를 존중하게 하며, 동시에 자신들의 생각을 솔직히 표현할 수 있는 용기를 준다. 리더가 겸손하지 않으면 구성원들은 위화감을 느끼고, 자신의 의견을 표현하는 데 주저하게 된다.

겸손한 리더는 조언할 수 있는 위치에 있더라도, 함부로 타인을 재단하거나 판단하지 않는다. 대신, 상대의 눈높이에 맞춰 접근하며, 그들의 입장에서 문제를 바라본다. 이러한 태도는 구성원들에게 편안함과 신뢰를 주며, 조직 내 소통과 협력을 강화한다. 아무도 리더를 못났다고 생각하지 않고, 겸손한 태도 덕분에 리더는 인간적으로 따르고 싶은 상사가 된다.

겸손한 리더는 자신이 안정되고 여유로운 상태에서 타인을 존중하고 배려하지만, 열등감에 사로잡힌 리더는 쓸데없는 자존심을 붙들고 모두를 피곤하게 만들 수 있다. 그러면 구성원들도 감당하기 버거운 리더에게 마음을 열기가 어려워진다.

따라서 리더는 구성원들에게 베풀 수 있는 여력이 있어야 할 것이다. 그래야 도움을 청하는 구성원들의 의견을 경청할 힘도 생긴다. 그때 겸손은 리더가 경청의 경지에 이르기 위한 중요한 덕목이 된다.

❧ 패타고니아의 창립자 이본 쉬나드

패타고니아는 친환경 아웃도어 브랜드로 유명하며, 기업의 이익을 넘어서 환경보호와 사회적 책임을 실천하는 경영 철학을 기반으로 성장했다. 이본 쉬나드는 산악인이자 환경운동가로서, 사업을 환경에 해를 끼치지 않는 방향으로 운영하기 위해 항상 겸손한 자세를 유지했다.

쉬나드는 본인을 "사업가가 아닌, 환경운동가"로 소개하며 자신의 성공을 과시하지 않았다.

그는 자신이 사업을 시작하게 된 이유를 단순히 "더 나은 장비를 원했기 때문"이라고 말하며, 기업가로서의 자부심보다 실수에서 배우는 과정의 중요성을 강조했다.

쉬나드는 회사의 수익 대부분을 환경보호를 위해 사용하는데, 이는 단순한 마케팅이 아니라 그의 철학과 일치한다.

예를 들어, 패타고니아는 매출의 1%를 환경보호 단체에 기부하는 1% for the Planet 캠페인을 시작했으며, 이는 전 세계적으로 큰 영향을 미쳤다.

쉬나드는 항상 직원들을 평등하게 대하며, 리더의 권위 대신 동료애와 존중을 강조했다.

패타고니아는 직원들에게 유연한 근무 환경을 제공하며, 직원들이 자신의 삶과 가치를 우선시할 수 있도록 지원한다. 예를 들어, 육아와 업무를 병행할 수 있는 사내 보육 시설을 운영하고 있다.

2022년, 쉬나드는 회사를 가족 소유 기업에서 환경보호를 위한 신탁과 비영리 단체에 기부하며, 회사의 모든 수익을 환경보호 활동에 사용할 것을 약속했다.

그는 이 결정에 대해 다음과 같이 말했다.

"지구는 유일한 주주입니다."

이처럼 이본 쉬나드의 겸손한 리더십은 자신의 한계를 인정하고, 책임감 있게 행동하며, 이익보다 가치를 우선시하는 방식으로 이루어졌다. 그는 겸손이 단순히 개인적 덕목이 아니라, 조직과 세상에 긍정적인 변화를 이끄는 강력한 리더십 자질임을 보여준 대표적인 인물이다.

리더는 구성원들과 진정으로 소통하고 공감하는 데 필요한 또 하나의 덕목이 포용과 공감이다. 포용과 공감은 리더가 구성원들의 마음에 다가가고, 그들과 진정한 유대를 형성할 수 있는 본질적인 태도. 이는 기술적이고 실무적인 능력을 넘어선, 리더십의 본질을 형성하는 중요한 요소다. 장점을 발견하려는 노력도, 진심 어린 칭찬의 기술도 모두 이 요소를 기반에 둔다. 즉, 2장에서 언급한 구체적인 기술은 사실 '포용과 공감'이라는 본질적인 자세에서 비롯된다.

상대를 적극적으로 포용하고 공감하려는 태도가 있다면 기술적인 능력이 조금 부족해도 방향은 올바르다. 이런 자세를 취할 때 더 다양한 배경을 지니고 유입되는 새로운 인재들이 마음껏 능력을 발휘할 환경을 조성하는 데 도움이 될 것이다.

생각 노트

특히, 소통에서 가장 중요한 건 공감이다. 공감대를 형성하는 일이다. 공감이란 소통 채널이 없는 상태에서는 아무리 많은 대화를 주고받아도 소용이 없다.

일단 포용을 하더라도, 결국에는 서로의 접점을 찾아 진심으로 공감하려는 노력을 기울여야 한다. 공감하지 못하는 상태로는 포용에도 한계가 생긴다.

존중과 배려: 관계의 기초

포용과 공감은 상대방을 존중하고 배려하는 데서 시작된다. 리더는 구성원의 장점을 발견하고, 이를 진심으로 인정하며 칭찬할 줄 알아야 한다. 또한 구성원의 입장에서 문제를 바라보고, 그들이 처한 상황을 이해하려는 노력이 필요하다. 이는 구성원들에게 리더가 자신들을 진심으로 이해하고 있다고 느끼게 하며, 조직 내 신뢰를 강화하는 계기가 된다.

즉 리더가 구성원들의 의견과 감정을 진심으로 받아들일 때, 구성원들은 리더와의 관계에서 안정감을 느끼고, 더 적극적으로 의견을 제시하게 된다. 이러한 상호작용이 적절할 때 팀의 창의성과 문제 해결 능력이 향상된다.

삶에 대한 자신감과 내적 안정

타인을 포용하고 공감하려는 태도를 강화하려면, 리더 자신의 내적 안정과 자신감에서 출발해야 한다. 리더가 스스로 편안하고 안정된 상태에서 여유를 가질 수 있어야 비로소 타인을 진심으로 존중하고 배려할 수 있다. 자존감이 낮거나 자신의 상태가 불안정하다면, 리더는 구성원들에게 방어적인 태도를 취하기 쉽다. 따라서 리더는 자기 성찰을 통해 내적 균형을 이루고, 삶에 대한 자신감을 갖추는 것이 중요하다.

경청으로 나아가는 포용과 공감

이러한 포용과 공감은 경청의 경지에 이르기 위한 세 번째 덕목이다.

리더는 내적 안정과 자신감을 바탕으로 구성원들을 존중하고 배려하며, 그들의 장점을 발견하고 진심으로 칭찬할 줄 알아야 한다. 이러한 태도는 구성원들에게 신뢰를 심어줄 뿐 아니라, 조직의 성장을 이끄는 중요한 원동력이 된다.

포용과 공감을 실천하는 리더는 구성원들과 깊은 유대를 형성하며, 팀 전체를 하나로 묶는 중심 역할을 수행한다.

❦ 포용과 공감의 리더, 사티아 나델라

사티아 나델라는 2014년 마이크로소프트의 CEO로 취임했다. 당시 마이크로소프트는 경쟁사인 애플, 구글에 밀려 혁신이 정체된 상태였고, 내부적으로도 폐쇄적이고 경쟁적인 조직 문화로 인해 창의성과 협업이 부족하다는 비판을 받았다.

나델라는 다양성과 포용성을 조직의 핵심 가치로 설정했다. 다양한 배경과 생각을 가진 사람들이 협력할 수 있는 환경을 조성했고, 여성과 소수자를 위한 기회 확대에 적극 나섰다. 실제로 나델라의 CEO 취임 이후, 마이크로소프트의 리더십 포지션에서 여성과 소수자의 비율이 꾸준히 증가했다.

또한, 나델라는 뇌성마비를 가진 자녀를 양육하며 얻은 개인적 경험을 통해 '공감의 힘'을 리더십에 적용했다. 직원들과의 대화를 통해 그들의 어려움과 고충을 이해하려 노력했으며, 업무 방식의 유연성을 높였다. 예를 들어, 직원들에게 재택근무 옵션을 늘리고, 장애를 가진 직원들을 위한 기술 지원과 환경 개선에 앞장섰다.

현재 마이크로소프트는 지속적으로 '일하기 좋은 회사' 목록에 이름을 올리고 있다. 물론, 나델라 취임 이후 마이크로소프트는 클라우드 사업(Azure)을 중심으로 빠르게 성장했으며, 시가총액이 2014년 약 3,000억 달러에서 2023년 약 2조 5,000억 달러로 8배 이상 증가했다.

그는 단기적인 수익 증대에 그치지 않고, 사람 중심의 리더십을 통해 조직의 잠재력을 극대화하며 장기적인 성장을 이뤄냈다.

경청의 경지: 소통을 넘어 진정한 협력으로

☀ 그들 스스로 변화하고자 하는 의지를 기다리자

리더십은 단순히 명령하거나 지시하는 것이 아니라, 구성원들과 진정으로 협력하며 함께 나아가는 과정이다. 이 과정의 핵심에는 경청이 있다. 그러나 경청은 단순히 상대의 말을 듣는 것에서 끝나지 않는다. 진정한 경청을 위해서는 구성원들이 스스로 변화하고 성장하도록 기다려야 한다. 리더는 경청을 통해 소통의 경지를 넘어 협력의 단계에 도달하고, 구성원들과 함께 새로운 비전을 만들어가는 역할을 해야 한다.

꿈이 전염되면 스스로 움직이게 된다

리더는 구성원들에게 꿈을 전염시키는 존재다. 리더 자신이 삶에 대한 자신감과 안정감을 갖추고, 존중과 배려를 바탕으로 구성원들과 관계를 형성할 때 비로소 꿈은 전염된다. 그러한 꿈은 구성원 스스로 도전하고 성장하도록 이끄는 원동력이 된다.

물론, 꿈을 따라가는 과정은 쉽지 않다. 그 길에는 수많은 문제와 시행착오가 존재하며, 그 답은 누구도 대신 찾아줄 수 없다. 리더는 구성원들이 스스로 답을 찾고, 자신만의 길을 걸어가도록 돕는 조력자가 되어야 한다. 이는 구성원들이 스스로 결정하고 실행할 수 있도록 기다려주는 데에서 시작된다.

리더는 구성원들에게 문제를 해결할 기회를 주고, 그 과정을 지켜보며 지원해야 한다. 이를 통해 구성원들도 자신의 한계를 뛰어넘고, 내적 성장의 기쁨을 경험하게 된다. 리더는 이 과정에서 성급하게 방향을 제시하기보다, 경청을 통해 그들의 목소리를 듣고 필요한 도움을 제공하는 동반자가 되어야 한다.

경청의 본질: 기다림과 신뢰

경청의 진정한 의미는 구성원들의 목소리를 듣고, 그들이 스스로 변화할 수 있도록 기다리는 데 있다. 이는 리더가 구성원들에게 신뢰를 보여주는 과정이다. 경청은 리더가 책임감 있는 태도로 실수를 인정하고, 겸손하며, 포용과 공감을 실천하는 것을 통해 더욱 효과적으로 이루어진다.

리더는 자신이 안정감 있고 단단한 중심을 유지할 때, 구성원들이 실수하고 시행착오를 겪더라도 흔들리지 않고 기다릴 수 있다. 이는 구성원들에게 성장할 기회를 제공하고, 그들 스스로 성장하고자 하는 의지를 갖게 해준다. 리더는 구성원들이 스스로 방법을 찾을 수 있는 시간을 주고, 그 과정을 지켜보며 지지해야 한다.

경청에서 소통으로, 소통에서 협력으로

경청이 제대로 되면 올바른 지점부터 소통이 시작되고, 소통을 통해 올바른 방향으로 진정한 협력이 이뤄질 가능성이 열린다. 구성원들이 각자의 역할을 이해하고, 스스로 어떻게 일해야 할지를 알게 될 때, 그들은 리더와 협력자가 된다. 리더는 구성원들과 함께 건설적인 경쟁을 하며, 더 큰 변화를 도모할 수 있는 성숙한 리더십을 보여주어야 한다.

이 단계에서 팀은 마치 오케스트라와 같은 화음을 이루며, 개인의 기량과 팀워크가 조화를 이룬다. 각자 자신의 역량을 발휘하면서도 팀 전체의 목표를 위해 협력하는 모습은, 경청을 통해 이룩한 진정한 협력의 결과다.

경청이 만든 변화: 지속 가능한 추진력

리더는 경청을 통해 구성원들에게 추진의 동기를 심어주고, 그들이 스스로 변화를 이루기 위해 능동적으로 움직일 때까지 기다린다. 구성원들이 스스로 변화하고자 하는 의지를 가질 때, 팀은 강력한 추진력을 얻을 수 있다. 구성원 각자가 자신의 역할을 자발적으로 수행하며 팀의 목표를 이루는 데 기여하는 단계다. 이러한 과정에서 리더 자신 역시 도전과 성찰의 기회를 얻게 되고, 더 성숙한 리더로 나아가는 경험을 한다.

경청을 바탕에 둔 협력이 잘 되면 팀과 조직에 지속 가능한 변화가 생기며, 모두가 함께 비전 달성에 가까워지게 된다. 그런 점에서 진정한 리더십은 경청의 경지에서 시작된다고까지 말할 수 있다.

❤ 경청과 팀워크로 돋보이는 리더, 일론 머스크

테슬라의 CEO로도 알려져 있지만, 스페이스X의 리더이기도 한 일론 머스크는 기술 혁신뿐만 아니라 팀워크와 경청의 힘이 결합된 리더십의 대표적인 사례로 자주 언급된다.

스페이스X는 우주 항공 기술의 민영화를 목표로 설립된 기업으로, 우주 발사체의 재사용 가능성을 높이는 데 도전하고 있다. 그러나 초기에는 로켓을 재활용한다는 아이디어 자체가 많은 전문가들에게 비현실적이라는 평가를 받았고, 내부에서도 회의적인 의견이 많았다.

초기 회의에서 로켓 재활용 기술의 가능성을 두고 열띤 토론이 벌어졌는데, 그때 머스크는 CEO로서 자신의 의견을 강하게 주장하기보다는, 기술자들과 과학자들의 의견을 끝까지 경청하며 현실적인 문제와 해결 방안을 탐색했다. 특히, 스페이스X는 하나의 문제를 해결하기 위해 다양한 전문 분야의 팀 간 협업을 촉진했다. 로켓 엔지니어링 팀, 소프트웨어 팀, 항공역학 전문가들이 함께 모여 서로의 전문 지식을 공유하며 통합적인 해결책을 도출했다. 이를 통해 로켓이 다시 지구로 귀환한 후 착륙할 수 있도록 고도의 정밀 기술을 개발했다.

프로젝트 진행 과정에서 머스크는 구성원들과 직접적인 소통을 유지하며 문제를 즉각 공유하고 해결했다. 매주 열리는 회의에서는 누구나 자신의 의견을 말할 수 있었고, 머스크는 고위 관리자뿐만 아니라 신입 사원이나 엔지니어의 의견도 동등하게 경청했다.

스페이스X는 실패를 두려워하지 않고, 구성원들의 협력과 소통을 바탕으로 끊임없이 도전하는 기업 문화를 정착시켰다.

리더십은 함께 나아가는 동행의 기술이다. 동행은 같은 방향으로 걷는 것이 아니라 같은 마음으로 움직이는 것을 의미한다. 리더는 구성원들과 함께 내적 성장의 길을 걸으며, 경청과 추진을 조화롭게 활용해 조직의 목표를 이루어야 한다.

경청과 추진: 조화로운 리더십의 핵심

경청과 추진은 리더십의 두 축이다. 경청 없는 추진은 독주가 되고, 추진 없는 경청은 정체가 된다. 리더는 경청과 추진을 조화롭게 결합해 팀을 이끌어야 한다.

이때 경청의 궁극적인 목적은 구성원들이 스스로 변화하고, 자발적으로 목표를 향해 나아가게 하는 것이다. 리더는 구성원들이 자신의 생각과 의견을 솔직히 표현하도록 장려하고, 그 과정에서 필요한 인내와 기다림을 배워야 한다.

이와 동시에 리더는 조직의 방향성을 명확히 제시하고, 목표를 이루기 위한 추진력을 보여주어야 한다. 무엇보다 구성원들에게 그 추진력의 몫을 조금씩 위임하면서 그들 스스로 성장하는 기회를 주어야 한다. 경청과 추진이 조화롭게 어우러질 때, 팀은 독주가 아닌 오케스트라처럼 화음을 이루며 협력하게 된다.

신뢰할 만한 리더 옆에는 인재가 모인다

성숙한 리더는 구성원들에게 신뢰를 심어주는 존재다. 신뢰는 구성원들이 리더를 따르고, 서로 협력하게 만드는 원동력이다. 리더가 정직하고 투명한 태도로 팀을 이끌 때, 구성원들은 그 주변에 자연스럽게 모인다. 이는 리더의 권위를 더욱 견고히 하며, 팀 전체의 역량을 극대화하는 계기가 된다.

물론, 많은 사람이 모이면 잡음도 생기기 마련이다. 그러나 성숙한 리더는 이를 두려워하지 않고, 구성원들의 능력을 최대한 발휘할 수 있는 환경을 조성한다. 리더는 혼자 모든 것을 해결하려 하기보다, 구성원들이 스스로 문제를 해결하고 협력하게 만드는 과정을 중시한다. 이는 리더가 구성원들과 동료로서 함께 서 있는 경험을 제공하며, 조직 내 신뢰와 협력을 강화한다.

그런 점에서 성숙한 리더십은 협력의 예술이다. 리더는 경청과 추진을 조화롭게 결합해 구성원들과 함께 성장하며, 조직의 목표를 이루어야 한다. 또한 리더는 자기 성찰을 통해 자신의 부족함을 인정하고, 이를 통해 더 나은 리더로 발전하려는 노력을 기울인다. 이러한 태도는 구성원들에게도 긍정적인 영향을 미치기에, 신뢰할 만한 리더 옆에는 자연스럽게 인재가 모인다. 이렇게 함께 성장하는 과정에서 리더와 구성원 모두가 더 큰 비전을 향해 나아갈 수 있다.

기술적 지식이 너무 앞서면, 계산적인 마음이 강해지게 된다. 구성원의 마음을 열려면 기술은 거드는 것일 뿐, 결국 본질적인 마음이 중요하다. 좀 과격하게 말해서, 진심이 들지 않은 기술은 겉멋에 불과하다. 당장에는 그럴듯해 보이지만, 결국 사람을 움직이는 건 기술이 아니라, 진심이다. 본질적으로 잊지 않아야 할 덕목이다.

성숙한 리더라면, 리더십의 기술에 현혹되지 말고 본질로 중심을 다진 채 자기만의 스타일을 만들어갈 것 같았다. 예를 들어 투명성, 솔선수범 등등은 사실 겉으로 들어나는 표면적인 현상에 불과하다. 대개 그런 방식으로 드러나는 건 본질인 정직성과 가장 잘 맞닿는 면이 있기 때문이지, 현상적인 기술이 본질적인 진심을 앞설 수는 없다고 생각한다.

가슴이 뜨거워야 비로소 차가운 머리로 그 뜨거움을 실현할 수 있다. 정교한 기술은 올바른 방향 위에서나 긍정적인 의미가 생긴다. 그렇게 기술적으로만 보이는 모든 요인이, 내 마음, 그 진심이 되는 순간에 비로소 완성된다고 믿는다.

머리로 많은 것을 끊임없이 배워야 하지만, 결국에는 가슴으로 뜨겁게 배우는 데까지 이르러야 한다. 그래야 나 자신의 것이 되고, 처음에는 기술에 불과했던 지식이 나와 밀착된 영혼의 힘이 된다고 생각한다.

내가 꿈꾸는 성숙한 리더의 모습이다.

리더십의 목표는 조직의 성공과 개인의 성장이 조화를 이루는 데 있다. 그러나 현실적으로 조직의 성공이 모든 구성원에게 똑같은 의미로 다가오는 것은 아니다. 아무리 "내 일처럼 열심히 하라"고 강조해도, 당장의 보상이 눈에 보이지 않는다면 움직이지 않는 사람도 있기 마련이다. 이러한 구성원들마저 조직의 목표와 개인의 목표를 일치시키도록 이끄는 것이 리더의 중요한 역할이다.

조직의 성공과 개인의 목표: 차이를 이해하다

조직은 다양한 배경과 가치관을 가진 구성원들로 이루어져 있다. 리더는 구성원들이 조직의 성공을 자신의 목표로 느끼지 못하는 경우를 이해하고, 그 간극을 좁히기 위한 노력을 기울여야 한다. 이를 위해 중요한 것은 구성원들에게 조직의 비전과 목표가 자신의 성장과 어떻게 연결되는지를 명확히 제시해 주는 것이다.

조직의 성공은 단순히 개인의 목표 달성을 뛰어넘는다. 이는 구성원들이 서로 신뢰를 바탕으로 협력하며, 각자의 역할을 충실히 수행할 때 가능해진다. 리더는 구성원들에게 단기적인 성과뿐 아니라 장기적인 성장의 중요성을 알리고, 조직의 성공이 개인의 성취로 이어질 수 있음을 설득해야 한다.

구성원의 움직임을 이끌어내는 리더십

구성원들이 스스로 조직의 목표를 자신의 목표로 받아들이게 하는 것은 쉽지 않다. 리더는 이를 위해 경청과 공감을 바탕으로 구성원들의 생각을 이해하고, 그들의 동기를 자극해야 한다. 여기에는 구성원의 성과를 인정하고, 작은 성취라도 칭찬하며, 개인의 노력과 조직의 성공이 연결되어 있음을 보여주는 과정이 포함된다.

리더는 개인과 조직의 연결성을 설득력 있게 알려주는 동기부여 자인 셈이다. 개인의 자기실현과 조직의 성공이 다른 게 아니라는 것을 경청의 과정에서 알려주는 것이다. 구성원의 문제가 뭔지 경청을 통해 제대로 들었다면 그에 맞는 최적화된 솔루션을 제공할 수 있을 것이다. 이렇듯 조직 내 모든 구성원이 개인적인 동기든 여러 외적인 동기든 이해관계의 충돌 없이 온전하게 조직의 목표를 추구할 수 있도록 지원할 때, 조직은 단합된 힘을 발휘하게 된다.

개인적 목표와 조직의 목표가 일치하는 순간

리더는 개인적 목표와 조직의 목표가 일치하는 순간을 통해 팀의 강력한 힘을 경험한다. 팀이 혼연일체가 된다는 건 말처럼 쉽지 않고, 오래 지속되기도 어려워 꾸준한 관리가 필요한데, 실제로 그 어려운 경험을 하면 뿌듯함이 이루 말할 수 없다. 성숙한 리더에게는 흔한 일이겠지만, 어쩌다 성공한 평범한 리더에게는 오래 기억될 일이다. 혼자서 과감하게 추진하던 때와는 또 다른 기분이 든다. 내 마음 같은 사람 하나 만나기도 어려운 세상에서 서로 다른 결의 사람들이 모여서 하나의 생명체처럼 움직여서 목표를 이룬다는 건 분명 값진 경험이다. 그리고 그러한 경험을 더 자주 하고 싶다는 생각이 든다. 더구나 모두가 한 뼘씩 자라있는 느낌까지 받으면 동료들이 듬직해진다.

그렇게 조직의 성공은 단순히 리더의 공로가 아니라, 구성원들과 함께 이루어낸 결과라는 사실을 깨닫는 것이다. 이 과정에서 리더는 독주하는 지도자가 아니라, 동료와 함께 서 있는 동행자가 된다.

동료들과 함께 서는 조직 내에서 화합과 협력을 이끌어내며, 각자의 역량이 결합된 시너지를 통해 더욱 큰 성과를 만들어낸다. 이러한 과정을 통해 더 깊은 성숙과 내적 성장을 경험하며, 조직과 개인 모두에게 긍정적인 영향을 미치는 진정한 리더로 자리 잡는다.

조직과 개인의 조화로운 성장

개인적 목표와 조직의 목표가 일치하는 순간은 리더십의 정수라고 생각한다. 개인적 목표와 조직의 목표가 일치하는 순간, 진정으로 하나가 되는 강력한 팀으로 거듭난다. 마치 리더와 구성원이 혼연일체가 되는 순간과도 같다. 팀의 잠재력이 극대화되는 것이다.

따라서 리더는 경청과 공감을 바탕으로 구성원들이 스스로 변화하고 성장하도록 돕고, 조직의 목표와 개인의 목표가 조화를 이루는 환경을 만들어야 한다. 조직의 성공은 리더 혼자만의 힘으로 이루어지지 않기에 리더와 구성원들이 함께 노력하며, 서로 신뢰를 바탕으로 협력하려는 접근이 필요하다. 이러한 과정에서 리더는 자신의 역할을 성찰하고, 더 성숙한 리더로 나아가려는 노력을 멈추지 않아야 한다.

- 자기성찰도 경청의 한 유형이다. 그런 점에서 경청은 자기 스스로를 단단하게 하는 과정이기도 하다.

- 성숙한 리더가 되려면 정직한 리더가 되어야 한다. 이것은 솔선수범과 투명성의 본질이다.

- 성숙한 리더가 되려면 나 스스로 먼저 겸손하기 위해 내실을 갖추고, 포용하고 공감하는 자세를 갖춰야 한다. 이것은 구성원의 장점을 발견하고 진심 어린 칭찬을 하는 것의 본질적 태도다.

- 경청의 경지에 이르면, 구성원들이 스스로 변화하고자 하는 의지를 갖는다. 진짜 목소리를 경청할 때부터 조직의 역량이 깨어나며, 조직의 꿈을 실현하는 방향으로 나아갈 수 있다.

- 동행하는 자는 같은 꿈을 꾸는 자들이다. 개인의 목표와 조직의 목표가 일치하는 결정적인 순간을 자주 경험해보고 싶다. 동료와 함께 성장하고 싶다.

Chapter 4

이러나저러나 갈등은 힘들어

사람이 있는 곳에선 항상 갈등이 있는 법이다

☀ 불필요한 갈등은 최소화해야 한다

갈등은 사람이 모인 곳이라면 피할 수 없는 요소다. 성숙한 리더라 해도 갈등을 완전히 없앨 수는 없다. 오히려 갈등은 조직의 성장과 변화를 이끄는 과정에서 자연스럽게 발생한다.

그러나 모든 갈등이 다 필요한 것은 아니다. 불필요한 갈등은 조직의 에너지를 소모시키고, 구성원들의 사기를 저하시킨다. 따라서 성숙한 리더는 갈등을 해결하는 능력을 갖추는 동시에, 불필요한 갈등을 최소화하려는 노력을 기울여야 한다.

갈등의 불가피성과 리더의 역할

갈등은 조직 내 다양한 가치관과 의견이 충돌하면서 발생한다. 이는 새로운 아이디어를 도출하거나, 문제를 해결하는 과정에서 종종 긍정적인 역할을 하기도 한다. 하지만 갈등이 지나치게 감정적이거나 개인적인 문제로 치닫게 되면 조직 전체에 부정적인 영향을 미친다. 성숙한 리더는 갈등을 피하지 않고, 이를 해결하려는 태도를 보여야 한다.

리더에게 갈등은 항상 까다로운 문제다. 세종대왕조차 한글 창제

당시 집현전 학사들의 강한 반발을 겪어야 했다. 그럼에도 불구하고 그는 자신의 목표를 이루기 위해 갈등을 감수했다. 동시에 시간을 충분히 두고 설득 단계를 거쳐 불필요한 적을 만들지 않으려는 지혜로운 접근을 했고, 그렇게 큰 목표를 이루어냈다. 리더는 세종대왕의 사례에서 배우듯, 필요할 때 갈등을 직면하되, 불필요한 적을 만들지 않는 균형을 유지해야 한다.

불필요한 갈등을 피하기 위한 전략

불필요한 갈등은 조직 내 관계를 악화시키고, 소모적인 논쟁을 유발한다. 이를 피하기 위해서는 몇 가지 전략이 필요하다.

첫째, 감정적인 반응을 자제하고, 문제를 객관적으로 바라보려는 노력이 필요하다. 갈등이 발생했을 때, 감정에 치우쳐 대응하면 문제는 해결되지 않고 오히려 확대될 가능성이 크다. 리더는 감정을 조절하고, 구성원들의 이야기를 경청하며 갈등의 핵심을 파악해야 한다.

둘째, 사전에 명확한 의사소통을 통해 갈등의 여지를 줄이는 것이 중요하다. 구성원들이 동일한 목표와 방향을 공유하고 있다면, 불필요한 오해와 갈등을 예방할 수 있다. 이를 위해 리더는 투명한 의사소통을 유지하고, 구성원들의 의견을 존중하는 자세를 보여야 한다.

셋째, 불필요한 적을 만들지 않는 태도가 필요하다. 언제 어디서 누구를 다시 만날지 모르는 것이 인간관계의 특성이다. 조직 내에서 누군가를 지나치게 비난하거나, 갈등을 과도하게 확대하는 것은 장기적으로 리더 자신에게도 불리하게 작용할 수 있다. 따라서 리더는 갈등 상황에서도 상대를 존중하고, 관계를 유지하려는 노력을 기울여야 한다.

갈등을 해결하는 리더십의 중요성

성숙한 리더는 갈등을 최소화할 뿐만 아니라, 발생한 갈등을 효과적으로 해결하는 능력을 발휘해야 한다. 또 갈등은 언제나 있기 마련이므로, 갈등에 취약하지 않도록 여유로운 관록으로 대처해야 한다. 어차피 갈등은 완전히 없어지는 게 아니라, 잠시 조절되는 것뿐이다. 그런 생각으로 접근하면 갈등의 나쁜 힘에 휩쓸리지 않을 것이다. 물론, 오랜 경험의 리더가 아니라면, 그렇게 만만한 사안은 아니다.

그래도 어쨌든 리더라면 되도록 갈등을 해결하려는 노력을 하게 된다. 이때 공정성과 신뢰를 바탕으로 문제를 분석하고, 구성원들의 입장을 조율해야 한다. 이러한 과정은 조직 내 신뢰를 강화하고, 구성원들이 리더를 더욱 존중하게 만드는 계기가 된다.

갈등을 해결하는 능력은 단순히 문제를 종결시키는 데 그치지 않는다. 이는 조직 내 더 나은 소통과 협력을 이끌어내고, 구성원들이 더 나은 방향으로 나아가게 하는 원동력이 된다. 성숙한 리더는 갈등을 모두의 성장 기회로 삼는다.

☀ 필요한 갈등도 있기 마련이다

갈등은 조직의 성장 과정에서 필연적으로 발생하는 요소다. 성숙한 리더라면 갈등을 회피하지 않는다. 오히려 갈등을 자연스럽게 받아들이고, 이를 통해 조직이 더 나은 방향으로 나아갈 기회를 만든다.

갈등이 전혀 없는 조직은 아무 일도 하지 않는 조직일 뿐이다. 리더는 갈등을 최소화하는 동시에 이를 활용하여 긍정적인 변화를 이끌어내는 역할을 맡아야 한다.

갈등의 긍정적인 힘: 성장과 변화의 원동력

갈등은 다양한 의견과 가치관이 충돌하는 과정에서 생긴다. 이는 부정적인 요소로 보일 수 있지만, 갈등은 조직의 정체를 방지하고, 내부적으로 활발한 논의와 혁신을 촉진하는 원동력이 된다. 갈등은 조직 내 구성원들이 문제를 직시하고 해결 방안을 모색하도록 자극하며, 이를 통해 조직은 한 단계 더 성장할 수 있다.

조직이 성장하려면 내부가 조용해서는 안 된다. 서로 다른 의견과 관점이 충돌하며 적절히 시끄러운 상태야말로 발전의 토대가 된다. 성숙한 리더는 이러한 갈등을 긍정적으로 받아들이고, 이를 조직의 성장과 변화를 위한 자양분으로 삼는다. 갈등이 없다면, 그것은 곧 조직이 아무런 도전이나 변화를 시도하지 않는 상태를 의미할 수 있다.

갈등을 활용하는 리더의 역할

리더는 갈등을 단순히 해결하는 데 그치지 않고, 팀에 긍정적인 변화를 이끌어내야 한다. 이를 위해 리더는 다음과 같은 역할을 수행해야 한다.

첫째, 의견 표현을 장려한다. 조직 내 구성원들이 자유롭게 자신의 의견을 말할 수 있게 하는 것이 중요하다. 의견이 억압되거나 무시되는 조직은 발전할 수 없다. 리더는 다양한 관점을 수용하는 열린 태도를 보여야 한다.

둘째, 갈등을 조율한다. 갈등이 과도하게 감정적으로 치닫지 않도록 조율하며, 서로 다른 관점이 공존하는 협력의 장을 만들어야 한다. 리더는 갈등의 핵심을 파악하고, 문제 해결을 위한 논의를 이끌어내야 한다.

셋째, 장기적인 비전을 제시한다. 갈등이 발생하면 단기적인 스트레스와 혼란을 야기할 수 있다. 그러나 리더가 큰 목표를 제시할 때, 구성원들은 갈등을 극복하고 더 큰 목표를 위해 협력할 동기를 얻게 된다. 나무가 아니라 숲을 보도록 하는 것이다.

조직 내 갈등의 긍정적 효과

갈등은 조직이 기존의 관성과 한계를 뛰어넘도록 자극한다. '물 흐르듯이 조용한 조직'은 새로운 아이디어를 도출하거나 혁신을 이루기 어렵다. 반대로, 갈등을 통해 구성원들은 문제를 깊이 고민하고, 더 나은 해결책을 찾아내도록 자극받는다. 이는 조직의 창의성과 문제 해결 능력을 강화하며, 지속 가능한 성장을 가능하게 한다.

리더가 갈등을 효과적으로 관리할 때, 조직은 갈등을 통해 내적 결속력을 다질 수 있다. 서로 다른 의견이 조화를 이루고, 구성원들이 자신의 역할과 목표를 명확히 인식하며 협력할 때, 조직은 더 큰 성과를 만들어낸다.

☀ 갈등을 잘 다루는 건 리더의 중요한 스킬이다

갈등은 리더십의 관점에서 피할 수 없는 숙제다. 팀이나 조직 내에서 의견 충돌이나 이해관계가 얽히는 상황은 자연스럽게 발생한다. 리더에게 중요한 것은 이러한 갈등을 회피하거나 억누르는 것이 아니라, 적절히 다루고 해결하는 능력이다. 갈등은 때로 조직의 성장을 저해하는 위협 요인이 될 수 있지만, 이를 잘 관리하면 오히려 조직의 발전을 촉진하는 계기가 된다. 리더가 갈등을 다루는 방식은 리더십의 성숙도를 보여주는 중요한 척도다.

갈등의 양면성과 리더의 역할

갈등은 상황에 따라 부정적인 영향을 미치기도 하고, 긍정적인 결과를 가져오기도 한다. 불필요하고 과도한 갈등은 조직의 에너지를 소모시키고 구성원들의 사기를 저하시킨다. 그러나 건설적인 갈등은 새로운 아이디어를 도출하거나 조직 내 변화를 이끌어내는 촉매제가 될 수 있다.

리더는 갈등의 본질을 이해하고, 상황에 맞게 대응해야 한다. 때로는 경청을 통해 구성원들의 의견을 조율하고, 합의를 도출해야 한다. 물론, 때로는 과감한 추진력을 발휘해 갈등을 종식시킬 필요도 있다. 갈등의 성격과 조직의 상황에 따라 유연하게 대처하는 것이 리더십의 핵심이다.

갈등을 최소화하기 위한 노력

성숙한 리더는 갈등을 최소화하기 위해 항상 노력한다. 갈등을 예방하려면, 명확한 목표와 비전을 구성원들에게 제시하고, 투명하고 열린 의사소통을 유지하는 것이 중요하다. 리더가 구성원들과의 신뢰를 쌓고, 서로의 입장을 이해하려는 노력을 기울일 때 갈등은 현저히 줄어든다.

또한, 리더는 갈등이 발생했을 때 감정적으로 대응하지 않고, 문제의 본질을 파악하는 데 집중해야 한다. 갈등의 원인을 명확히 이해하고, 이를 해결하기 위한 실질적인 방법을 모색해야 한다. 이러한 태도는 리더가 구성원들에게 신뢰와 존중을 받는 계기가 된다.

갈등 해결 과정에서의 리더십 성장

갈등을 효과적으로 해결하는 과정에서 리더는 중재자의 역할을 맡아, 조직의 목표와 구성원들의 의견을 조화롭게 조율해야 한다. 즉, 조직 내에서 서로 다른 배경과 목표를 가진 실무자들과의 관계를 관리하고 의견 충돌을 해결하는 과정은 리더로서의 성장에 큰 영향을 미친다. 이러한 경험을 통해 구성원들의 다양한 관점을 이해하고, 갈등을 조율하는 능력을 더욱 강화할 수 있다.

이는 리더에게 높은 수준의 판단력과 소통 능력을 요구하는 고난도 스킬이다.

추진과 경청의 균형

갈등 해결에서 중요한 것은 추진력과 경청의 균형이다. 리더는 때로 갈등 상황에서 과감하게 결단하면서 조직을 이끌어야 한다. 하지만 대개는 구성원들의 의견을 충분히 듣고, 상황을 정확히 파악한 후에 추진을 해야 한다. 경청 없이 이뤄진 추진은 구성원들에게 불만과 반발을 야기할 수 있다.

리더는 경청을 통해 구성원들의 신뢰를 얻고, 갈등 해결 과정에 그들을 참여시켜야 한다. 이렇게 구성원들이 해결 과정에 참여하게 되면, 갈등이 단순히 끝나는 것을 넘어, 조직 내 긍정적인 변화를 이끄는 계기가 될 수 있다.

갈등의 원인을 파악하기

☀ 외부와 내부의 문제를 구분하고 대응하기

갈등은 리더십에서 언제나 중요한 시험대다. 이는 조직을 흔들 수 있는 위협 요인인 동시에, 효과적으로 해결하면 조직의 성장으로 이어질 기회이기도 하다. 갈등을 해결하려면 먼저 그 원인을 정확히 파악하는 것이 중요하다. 원인을 알면 대처 방법을 명확히 설정할 수 있고, 당사자들 사이에서 중재하거나 대화를 주도적으로 이끌어 갈 수 있는 기반이 마련된다. 나의 경우, 갈등의 원인을 분석할 때 바깥에서 오는 원인인지 또는 내부에 원래 있던 것인지를 구분해 접근하는 방식을 사용한다.

외부에서 오는 갈등: 통제할 수 없는 요인

외부에서 발생하는 갈등은 대개 통제할 수 없는 요인에서 비롯된다. 경제적 불황, 사회적 변화, 혹은 예상치 못한 팬데믹 같은 상황은 조직에 큰 영향을 미친다. 여기서 비롯되는 갈등은 리더가 원하는 방향으로 완전히 통제하기 어렵기 때문에, 이를 극복하기 위한 유연성과 결단력이 요구된다.

예를 들어, 본부장으로 승진한 지 2개월 만에 코로나 팬데믹이 터졌던 경험이 있다. 대면 영업이 거의 불가능해진 상황에서 구성원들은 목표 달성에 대한 압박감과 불안을 호소했다. 당시 나는 구성원들의 불안을 해소하기 위해 적극적으로 상황을 공유하고, 현실적인 목표를 재설정했다. 대면 대신 비대면 영업으로 전환하기 위한 구체적인 계획을 마련하고, 이를 실행하면서 조직을 안정적으로 유지할 수 있었다.

외부 요인으로 인한 갈등은 불가피한 경우가 많다. 그러나 리더는 이러한 상황에서도 포기하지 않고 해결책을 모색하며 조직을 지탱하는 역할을 해야 한다. 이는 위기 속에서도 구성원들이 리더를 신뢰하고, 함께 도전할 수 있는 기반이 된다.

내부에서 오는 갈등: 조직 내 문제를 해결하기

내부 갈등은 조직 내에서 피할 수 없는 요소지만, 리더의 관찰과 분석으로 해결할 여지가 크다. 이러한 갈등은 주로 구성원들 간의 의견 충돌, 역할 갈등, 불균형한 업무 분담에서 비롯되며, 조직의 목표 달성과 밀접하게 연결된다. 리더가 이를 방치할 경우 조직 전체에 부정적인 영향을 미칠 수 있다. 그 원인을 좀 더 살펴보면 다음과 같다.

첫째, 이러한 갈등은 의사소통 부족으로 발생한다. 구성원들이 서로의 역할과 책임을 명확히 이해하지 못하면 업무에서 충돌이 생길 수 있다. 리더는 명확한 목표와 역할을 설정하고, 정기적인 소통을 통해 구성원들이 자유롭게 의견을 표현할 수 있는 환경을 조성해야 한다.

둘째, 성과 평가의 불공정성 탓에 발생한다. 공정하지 않은 성과 평가는 구성원들에게 불만을 야기한다. 리더는 평가 기준을 투명하게 공유하고, 결과에 대한 피드백과 개선 기회를 제공하며, 공정성을 유지해야 한다.

셋째, 개인 간 갈등도 있기 마련이다. 조직 내 개인적인 갈등은 업무 효율에 직접적인 영향을 미친다. 리더는 갈등의 본질을 파악하고, 공정한 중재자로서 문제를 해결하며, 구성원 간의 협력을 이끌어내야 한다.

넷째, 조직의 목표와 개인적 목표가 일치하지 않을 때도 갈등이 발생한다. 리더는 조직의 비전을 명확히 제시하고, 이를 구성원들의 개인 성장과 연결시킬 방안을 제안해야 한다.

내부 갈등은 적절히 관리하면 조직의 성장과 변화를 이끌어낼 수 있다.

갈등 해결을 위한 리더의 자세

내부 갈등을 해결하기 위해서는 관찰과 분석이 필수적이다. 리더는 구성원들과의 소통을 통해 갈등의 본질을 이해하고, 이를 해결하기 위한 실질적인 방법을 찾아야 한다. 또한, 갈등 해결 과정에서 리더 자신이 공정하고 일관된 태도를 유지해야 구성원들의 신뢰를 얻을 수 있다. 예를 들어, 부서 간 의견 충돌이 있었던 상황에서 나는 각 부서의 관점을 경청하고, 공통의 목표를 설정함으로써 갈등을 조율했다. 이 과정에서 구성원들은 서로의 입장을 이해하고, 협력의 중요성을 깨닫게 되었다.

이는 리더 자신에게도 성찰과 성숙의 기회를 제공하며, 구성원들과의 신뢰를 강화하는 계기가 된다. 갈등 해결 능력은 리더십의 핵심 스킬

중 하나이며, 이를 통해 조직은 더 강하고 유연하게 발전할 수 있다.

조직 내에서 갈등은 늘 발생하지만, 모든 갈등이 같은 무게로 다뤄져야 하는 것은 아니다. 앞서도 언급했지만, 갈등의 본질을 이해하고 갈등이 불필요하게 생겨난 것인지, 아니면 변화와 성장의 과정에서 피할 수 없는 진통인지를 판단해야 적절한 대처가 가능하다.

불필요한 갈등: 예방이 최선이다

불필요한 갈등은 대개 의사소통 부족, 역할의 혼란, 혹은 사소한 오해에서 비롯된다. 이는 리더가 사전에 충분히 방지할 수 있는 요소들이다. 명확한 목표 설정과 투명한 소통, 그리고 정기적인 피드백은 불필요한 갈등을 줄이는 데 효과적이다.

예를 들어, 구성원 간 역할 분담이 명확하지 않으면 업무 충돌이 생길 수 있다. 이와 같은 상황에서 갈등은 예방 가능하며, 리더가 세심한 관찰과 명확한 지침을 통해 이러한 문제를 사전에 차단해야 한다.

필연적인 갈등: 변화의 과정에서 오는 진통

반면, 변화와 성장을 동반하는 갈등은 피할 수 없는 필연적인 요소다. 조직이 기존의 방식에서 벗어나 새로운 방향으로 나아갈 때, 구성원들의 불안이나 반발은 자연스러운 현상이다. 이는 조직이 고착되지 않고, 더 큰 목표를 향해 나아가기 위해 겪는 진통이라 볼 수 있다.

예를 들어, 새로운 시스템 도입이나 업무 방식의 전환 과정에서 발생하는 갈등은 변화의 필연적 결과다. 리더는 이러한 갈등을 부정적으로 보지 말고, 이를 통해 구성원들이 새로운 환경에 적응하고 더 나은 결과를 만들어낼 수 있도록 돕는 역할을 해야 한다.

나쁜 것도 필연적일 때가 있다

갈등은 때로 조직 내 부정적인 요소에서 발생하지만, 그것마저 필연적으로 받아들여야 할 때가 있다. 예컨대, 성과가 낮은 구성원에 대한 평가나 조직 내 구조 조정과 같은 민감한 문제들은 갈등을 유발할 수 있다. 그러나 이러한 문제를 회피하면 조직 전체가 장기적으로 더 큰 손실을 입을 수 있다.

리더는 이와 같은 갈등 상황에서 구성원들에게 공정성과 투명성을 기반으로 한 소통을 통해 신뢰를 유지해야 한다. 나쁜 상황이더라도 이를 조직의 성장과 개선을 위한 과정으로 전환시키는 것이 리더의 책임이다.

갈등은 어떻게 다룰 것인가

갈등은 조직에서 피할 수 없는 요소지만, 이를 어떻게 다루느냐에 따라 결과는 크게 달라진다. 불필요한 갈등은 예방하고 최소화해야 하며, 필연적인 갈등은 변화의 과정으로 수용하고 이를 긍정적으로 활용해야 한다.

성숙한 리더는 갈등의 본질을 판단하고, 그에 맞는 대처를 통해 조직이 더 나은 방향으로 나아갈 수 있도록 돕는다. 변화의 진통이 반드시 나쁜 것이 아니며, 오히려 더 큰 성장을 위한 과정임을 깨닫는 것이 갈등을 해결하는 첫걸음이다.

☀ 갈등의 양상을 바꿀 수 있는 것인가, 없는 것인가

갈등은 조직 내에서 피할 수 없는 요소이지만, 모든 갈등이 리더의 노력으로 해결되거나 변화될 수 있는 것은 아니다. 갈등을 효과적으로 해결하기 위해서는 그 갈등이 리더의 범위 내에서 해결 가능한 것인지, 아니면 리더의 통제를 넘어서는 것인지 구분하는 것이 중요하다. 이러한 판단을 적절히 할 때 갈등에 적절히 대응하고, 자원을 효율적으로 배분하며, 조직의 에너지를 올바른 방향으로 집중시킬 수 있다.

해결할 수 없는 갈등: 구조적 한계에서 발생하는 문제

어떤 갈등은 리더의 노력만으로는 해결할 수 없는 구조적 요인에서 비롯된다. 예를 들어, 월급이 낮아서 생기는 불만은 조직 전체의 재정 구조와 정책에 따라 결정되며, 단일 리더의 권한 밖에 있을 때가 많다. 이러한 갈등 상황에서 리더는 문제를 완벽히 해결할 수 없다는 현실을 인정해야 한다.

다만, 해결할 수 없다고 해서 이를 방치해서는 안 된다. 리더는 구성원들에게 상황의 본질을 명확히 설명하고, 해결을 위해 노력하고 있음을 보여주는 태도가 필요하다. 구성원들은 리더가 문제를 완전히 해결하지 못하더라도, 진심으로 그들의 목소리를 듣고 상황을 개선하려는 모습을 통해 신뢰를 얻는다.

해결할 수 있는 갈등: 리더의 역할이 중요한 경우

반면, 리더의 판단과 노력으로 갈등의 양상을 바꿀 수 있는 경우도 많다. 이러한 갈등은 대개 내부적 요인, 즉 의사소통 부족, 역할 충돌, 불균형한 업무 분담 등에서 발생한다. 리더는 이를 관찰하고 문제의 본질을 파악해 해결책을 제시함으로써 갈등을 긍정적인 방향으로 전환할 수 있다.

예를 들어, 구성원 간 의견 충돌이 반복적으로 발생하는 상황이라면, 리더는 명확한 목표와 역할 분담을 설정하여 갈등의 원인을 줄일 수 있다. 또한, 정기적인 소통을 통해 구성원들이 서로의 입장을 이해하고 협력할 환경을 조성하는 것도 중요하다. 이러한 갈등은 리더의 중재와 조율을 통해 조직의 성과를 높이는 기회로 활용될 수 있다.

갈등의 양상을 바꿀 수 없는 경우, 리더의 자세

갈등의 양상을 바꿀 수 없는 상황에서 리더는 갈등을 완화하거나 구성원들이 상황을 이해할 수 있도록 돕는 역할을 해야 한다. 예를 들어, 예산 삭감이나 회사의 구조조정과 같은 문제는 리더가 직접 해결할 수 없는 경우가 많다. 이런 상황에서 리더가 무작정 해결을 약속하거나, 문제를 방치하는 태도를 보인다면 오히려 신뢰를 잃을 수 있다.

이때 필요한 것은 투명하고 진솔한 소통이다. 리더는 상황의 한계를 솔직하게 설명하면서도, 구성원들이 이러한 어려움을 극복하도록 지원해야 한다. 또한, 갈등을 조직 전체의 문제로 공유하고, 함께 극복해 나가려는 자세를 보여줌으로써 구성원들에게 동료 의식을 심어줄 수 있다.

조직 내 갈등은 피할 수 없는 도전이며, 리더의 현명한 판단과 노력으로 조직을 한 단계 더 성장시킬 수 있다.

☀ 부정적인 상황에서 오는 갈등인가, 긍정적인 상황에서 오는 갈등인가

갈등은 조직의 상황에 따라 부정적인 맥락에서 발생할 수도 있고, 긍정적인 맥락에서 비롯될 수도 있다. 그러나 모든 갈등이 필연적인 것은 아니다. 부정적 상황뿐 아니라, 긍정적 상황에서도 불필요하게 과도한 대립으로 이어질 수 있다. 반대로, 부정적 상황에서도 필연적인 갈등이 있고, 이는 긍정적 변화의 과정에서도 마찬가지다.

부정적인 상황에서의 갈등: 필연성과 불필요성의 경계

부정적인 상황은 조직 내 긴장감을 조성하며 갈등을 초래하는 주요 원인 중 하나다. 이때 갈등이 필연적일 수도 있지만, 불필요할 수도 있다.

우선, 부정적인 상황에서 필연적으로 끌려 나오는 갈등은 대부분 업무와 관련된 대립에서 발생한다. 예를 들어, 부서 간 업무를 나누는 과정에서 서로의 직무 범위를 두고 대립이 발생하는 것은 자연스럽다. 이는 조직의 효율성을 높이기 위한 필수적인 조정 과정으로, 리더는 이러한 갈등을 해결하면서 조직 내 구조를 강화할 수 있다.

반면, 부정적 상황에서 지나치게 감정적으로 치닫거나, 구성원 간 폭력이 발생하거나, 내부 정보가 외부로 유출되는 등의 갈등은 불필요하다. 이는 조직의 신뢰를 떨어뜨리며, 생산적인 해결책을 찾기 어렵게 만든다. 리더는 이러한 불필요한 갈등이 발생하지 않도록 사전에 세심한 관리를 해야 한다.

긍정적인 상황에서의 갈등: 발전을 위한 도전

긍정적인 변화의 과정에서도 갈등은 있기 마련이다. 조직이 성장하거나 새로운 프로젝트를 추진하는 과정에서 구성원 간의 관점 차이와 우선순위에 대한 대립은 자연스럽게 발생한다.

우선, 긍정적인 상황에서 필연적으로 발생하는 갈등은 조직의 발전을 위한 과정이다. 예를 들어, 첨예한 예산 배정 대립은 각 부서가 자신들의 필요를 강력히 주장하는 과정에서 나타난다. 이는 조직의 자원을 최적화하고, 더 나은 결정을 내리기 위한 필수적인 갈등이다. 리더는 이 과정을 건설적인 논의로 이끌어내고, 조직 전체의 이익을 최우선으로 삼아야 한다.

반대로, 긍정적인 상황에서도 불필요한 갈등은 발생할 수 있다. 예를 들어, 성과를 둘러싼 개인 간의 지나친 경쟁이나 내부 정치적 대립은 조직의 에너지를 낭비하고 협력을 방해한다. 이러한 갈등이 심하다면 조직 내 문화와 가치관을 다시 한번 점검하고, 리더가 적극적으로 중재해야 한다.

☀ 일시적인 갈등인가, 지속적인 갈등인가

갈등은 조직 내에서 흔히 발생하는 현상이지만, 그 지속성과 성격에 따라 다르게 접근해야 한다. 일시적인 갈등은 대개 특정 상황이나 단기적인 문제에서 비롯되며, 적절한 대처로 신속히 해결될 수 있다. 반면, 지속적인 갈등은 쉽게 바뀌기 어려운 조직의 구조적 문제나 깊이 뿌리박힌 이해관계의 차이에서 발생하며, 이를 해결하려면 더 큰 노력이 필요하다. 리더는 갈등의 지속성을 판단하고, 이에 맞는 대처 방식을 마련해야 한다.

일시적인 갈등: 신속한 대처로 해소

일시적인 갈등은 주로 단기적인 상황에서 발생한다. 예를 들어, 특정 프로젝트의 마감 기한이 임박해 발생하는 긴장감이나, 일회성 실수로 인한 갈등은 일시적인 성격을 띤다. 이러한 갈등은 대개 감정적이거나 그 상황에만 국한되며, 신속한 대처와 의사소통으로 해결될 수 있다.

리더는 일시적인 갈등에 과도한 에너지를 쏟기보다는, 이를 빠르게 파악하고 적절히 정리하는 데 초점을 맞춰야 한다. 갈등의 원인을 분석하고, 구성원 간의 오해를 해소하며, 필요한 경우 중재 역할을 수행한다면, 갈등은 쉽게 사라지고 팀의 생산성을 회복할 수 있다. 이러한 갈등은 오히려 조직의 의사소통 능력을 점검하고 개선할 기회로 활용될 수 있다.

지속적인 갈등: 근본적인 해결이 필요

지속적인 갈등은 조직의 구조적 문제나 구성원 간 신뢰 부족에서 비롯된다. 예를 들어, 부서 간 업무 분담의 불균형, 평가 기준의 불공정성, 혹은 조직 내 반복적인 이해관계의 충돌은 지속적인 갈등의 대표적인 사례다. 이러한 갈등은 단기적인 해결로 끝나지 않으며, 시간이 지날수록 조직에 부정적인 영향을 미친다.

리더는 지속적인 갈등에 대해 근본적인 해결책을 모색해야 한다. 이를 위해서는 조직의 구조와 절차를 재검토하고, 구성원 간 신뢰를 회복하며, 갈등의 원인을 제거하는 노력이 필요하다. 예를 들어, 성과 평가의 불공정성 문제가 지속된다면, 평가 기준을 투명하게 공개하고, 공정성을 확보하기 위한 시스템을 도입해야 한다. 이러한 접근은 시간이 걸리더라도, 갈등의 재발을 방지하고 조직의 안정성을 높이는 데 기여한다.

갈등의 지속성을 판단하는 리더의 역할

리더는 갈등이 일시적인지 지속적인지를 정확히 판단하려고 노력해야 한다. 갈등이 일시적인 경우에도 이를 무시하거나 방치해서는 안 된다. 작은 불씨가 커져 지속적인 갈등으로 발전할 수 있기 때문이다. 반대로, 지속적인 갈등을 단순히 일시적인 문제로 치부하며 임시방편으로 대처하면 조직의 신뢰를 잃을 수 있다.

리더는 갈등의 성격을 정확히 판단하고, 상황에 맞는 적절한 대처를 해야 한다.

갈등에 대처하는 세 가지 유형: 억제, 관찰, 조율

갈등은 조직 내에서 언제나 발생할 수 있는 문제이지만, 그 성격과 상황에 따라 다르게 대처해야 한다. 개인적으로는 리더로서 갈등을 다루는 방식은 크게 세 가지로 나뉜다. 그것은 갈등을 억제하는 것, 관찰을 통해 상황을 파악하는 것, 그리고 조율을 통해 해결을 모색하는 것이다. 이 세 가지는 각각의 갈등 상황에 맞게 선택적으로 활용되어야 한다.

☀ 갈등의 억제: 때로는 과감하게 눌러야 할 때

조직에서 갈등은 피할 수 없는 요소지만, 모든 갈등이 깊은 분석과 긴 논의를 필요로 하는 것은 아니다. 특히, 불필요하거나 일시적인 갈등은 과감히 억제하는 것이 효율적일 때가 많다. 이러한 갈등은 구조적인 문제로 번질 가능성이 낮으며, 신속히 처리하지 않으면 오히려 조직의 생산성을 저해할 수 있다. 리더로서 갈등의 성격과 중요도를 빠르게 판단하고, 적절히 억제하는 추진력을 발휘해야 할 때도 있는 것이다.

불필요한 갈등과 억제의 필요성

조직 내 사소한 갈등은 대부분 업무의 긴박함이나 감정적인 오해에서
비롯된다. 예를 들어, 구성원 간의 의견 충돌이나 작은 실수로 인한
논쟁은 일상적으로 발생할 수 있다. 이런 상황에서 리더가 불필요하게
시간을 끈다면, 조직의 동력은 크게 저하될 수 있다. 오히려 이러한
갈등은 신속히 억제하고, 중요한 업무에 에너지를 집중하는 것이 효과적
이다.

사업을 하던 시절, 나는 불필요한 갈등을 억제하고 상황을 원하는
방향으로 몰고 가는 방식을 자주 활용했다. 바쁜 일정 속에서 발생하는
잡음을 하나하나 해결하려고 하기보다, 조직이 원하는 결과를 우선시하
며 자연스럽게 갈등이 해소되도록 유도했다. 축구팀 안에 분란이 있어도
우승을 하면 소소한 잡음이 사라지듯이, 조직의 높은 성과가 있을 때
구성원 간의 사소한 분쟁은 잦아들기 마련이다.

갈등 억제의 한계와 위험성

물론, 갈등 억제는 단기적으로는 효과적이지만, 지속적이거나 근본적
인 갈등을 해결하는 데에는 한계가 있다. 억제만으로는 갈등의 근본적인
원인을 제거하지 못하고, 시간이 지나면서 더 큰 문제로 번질 가능성이
있다. 억제된 갈등은 조직 내에서 누적된 불만으로 작용할 수 있으며,
이러한 불만이 표면으로 드러날 때는 상황이 더 복잡해질 수 있다.

예를 들어, 부서 간의 업무 분담이 불균형하다는 불만이 반복적으로
제기되는데도 이를 억제하기만 한다면, 구성원들은 리더의 공정성을

의심하거나, 조직에 대한 신뢰를 잃을 수 있다. 따라서 억제는 어디까지나 단기적이고 사소한 문제에 한정되어야 하며, 지속적이고 구조적인 문제에는 다른 접근이 필요하다.

효과적인 억제를 위한 리더의 역할

갈등 억제는 조직의 생산성을 높이기 위해 신속히 문제를 정리하는 과정이다. 다만 사소한 갈등은 과감히 억제하되, 억제된 갈등이 장기적인 문제로 발전하지 않도록 경계하는 사후 작업이 필요하다. 이때 리더는 억제했던 갈등이 조직에 미치는 영향을 냉철하게 분석해야 한다.

예를 들어, 회의 중 감정적인 의견 충돌이 발생했을 때, 리더는 논쟁을 길게 끌기보다 적절한 선에서 대화를 정리하고 중요한 논의로 초점을 돌려야 한다. 동시에, 억제된 갈등이 반복적으로 발생하는지 관찰하고, 필요하다면 근본적인 원인을 분석해 해결책을 마련해야 한다. 단순히 팀원 간의 감정적 대립일 수도 있지만, 파벌 간의 이해관계가 얽힌 싸움이 몇몇의 감정싸움으로 표출된 것일 수도 있기 때문이다.

갈등 억제는 리더십에서 실용적인 접근법 중 하나로, 불필요하거나 일시적인 갈등은 신속히 처리해 조직의 동력을 유지하는 것이 중요하다. 그러나 억제는 어디까지나 단기적인 해결책으로, 지속적인 갈등이나 근본적인 문제를 해결하기 위한 도구로는 부족하다.

리더는 갈등 억제와 더불어 갈등의 원인을 깊이 이해하고, 필요할 경우 다른 대처 방식을 병행해야 한다. 결국, 억제는 갈등 관리의 첫 단계일 뿐이다.

☀ 갈등의 관찰: 본질을 이해하기 위한 단계

조직 내에서 갈등은 흔히 발생하지만, 모든 갈등이 얕거나 쉽게 해결될 수 있는 것은 아니다. 억제만으로 해결되지 않거나, 문제가 더 복잡하고 깊다고 판단될 때는 관찰의 단계가 필요하다. 관찰은 갈등의 원인과 흐름을 파악하며, 이를 통해 적절한 대응 방안을 마련하는 과정이다. 이 단계는 리더가 문제의 본질을 이해하고, 장기적으로 효과적인 해결책을 제시하는 데 필수적이다.

갈등 관찰의 중요성

갈등은 단순히 표면적으로 드러나는 현상일 수 있지만, 그 뿌리는 더 깊은 곳에 있을 가능성이 크다. 리더는 갈등의 근본 원인을 파악하기 위해 신중하게 관찰해야 한다. 예를 들어, 부서 간 업무 분담 문제로 갈등이 발생한다면, 한쪽의 불만으로 치부하지 말고 이 문제가 왜 반복되는지를 탐구해야 한다.

관찰 단계에서는 갈등 상황에서 감정적 개입을 최소화하고, 객관적으로 문제를 바라보는 태도를 요구한다. 상황을 지나치게 서두르거나 가볍게 다룰 경우, 문제는 해결되기보다 더 복잡해질 수 있다. 리더는 갈등의 원인과 흐름을 면밀히 분석하고, 정확한 사실을 기반으로 대처해야 한다.

관찰 과정에서의 리더 역할

관찰 단계에서는 리더가 상황을 이해하고, 갈등의 본질을 파악하는 데 중점을 둔다. 특히, 반복적으로 발생하는 갈등이나 여러 부서가 얽혀 있는 문제일수록 관찰의 중요성이 커진다. 리더는 다음과 같은 방법으로 갈등을 관찰할 수 있다.

첫째, 갈등의 주된 원인과 관련된 상황을 분석한다. 이를 위해 구성원들과의 대화를 통해 문제의 배경과 원인을 구체적으로 이해한다.

둘째, 감정적 요소를 분리한다. 갈등 상황에서 감정적인 반응은 문제 해결에 방해가 될 수 있다. 리더는 감정적 요소를 최소화하고, 객관적이고 중립적인 태도로 문제를 바라보아야 한다.

셋째, 패턴을 파악해야 한다. 갈등이 특정 시기나 상황에서 반복적으로 발생한다면, 이를 하나의 패턴으로 보고 근본적인 문제를 찾아야 한다. 예를 들어, 성과 평가 후 불만이 늘어나는 조직이라면, 평가 기준이나 절차에 문제가 있을 가능성을 고려해야 한다.

갈등 관찰이 필요한 상황

관찰 단계는 특히 다음과 같은 상황에서 유용하다.

첫째, 지속적인 갈등이 있는 상황에 유용하다. 즉 갈등이 억제되지 않고 반복적으로 발생할 때, 문제의 본질을 이해하기 위해서는 관찰이 필요하다.

둘째, 복잡한 갈등 상황에 유용하다. 여러 부서와 이해관계자가 얽혀 있는 상황에서는 갈등을 단순히 해결하려 하기보다, 문제의 흐름과 원인을 명확히 이해하는 것이 우선이다.

셋째, 조직 내 프로세스나 시스템에서 비롯된 갈등은 관찰을 통해 근본적인 개선 방안을 마련할 수 있다.

관찰을 통해 얻을 수 있는 결과

관찰은 단순히 갈등을 지켜보는 것에 그치지 않는다. 이를 통해 리더는 갈등을 정확히 정의하고, 해결 방안을 마련할 수 있다. 관찰 과정에서 얻은 정보는 문제 해결뿐만 아니라 조직의 구조와 문화를 개선하는 데에도 기여할 수 있다.

예를 들어, 부서 간 업무 분담 문제에서 반복적으로 갈등이 발생한다면, 리더는 이를 통해 업무 분배 기준을 재정립하거나, 부서 간 협력 체계를 개선하는 계기로 삼을 수 있다. 관찰은 갈등을 단순히 해결해야 할 문제로 보는 것이 아니라, 조직의 성숙과 발전을 위한 기회로 여기는 데 도움을 준다.

갈등 관찰은 조율의 전 단계

이러한 갈등 관찰은 조율을 위한 필수 단계다. 억제되지 않는 갈등의 원인을 정확히 파악하고, 이를 바탕으로 해결 방안을 마련해야 한다. 리더는 상황을 깊이 이해하며, 갈등의 흐름을 분석하고, 문제의 근본 원인을 찾아야 한다. 이를 통해 리더는 조직의 구조적 문제를 개선하는 계기를 만들 수 있다.

관찰은 그 첫걸음이며, 갈등의 본질을 이해하는 과정에서 조직의 더 나은 미래를 설계할 수 있다.

☀ 갈등의 조율: 리더십의 고난도 스킬

조직 내 갈등은 피할 수 없는 문제다. 억제와 관찰 단계를 거친 후에도 갈등이 해결되지 않는다면, 리더는 본격적으로 조율에 나서야 한다. 리더십에서 조율은 고난도 스킬에 속하며, '경청'과 '추진'의 균형을 필요로 한다.

조율의 본질: 경청과 추진의 균형

조율의 핵심은 경청과 추진 사이에서 적절한 균형을 잡는 것이다. 리더는 구성원들의 의견을 충분히 듣고, 그들의 입장을 이해하면서도 명확한 방향을 제시해야 한다. 경청만으로는 결정이 미뤄질 수 있고, 추진만으로는 갈등이 심화될 수 있기 때문이다. 리더는 이 두 요소를 조화롭게 활용하여 구성원들이 스스로 문제를 이해하고 해결할 환경을 만들어야 한다.

리더는 구성원들과 직접 대화하며 각자의 입장을 파악해야 하며, 동시에 조직의 목표를 공유해 이들이 공감할 수 있도록 해야 한다. 이러한 과정은 시간이 걸릴 수 있지만, 구성원들이 신뢰를 바탕으로 협력하게 만드는 데 필수적이다.

조율 과정에서 리더의 역할

조율을 성공적으로 이끌기 위해 리더는 다음과 같은 역할을 수행해야 한다.

첫째, 중재자의 역할을 해야 한다. 리더는 갈등 당사자들의 의견을 조율하고, 상호 간의 합의를 이끌어내야 한다. 이 과정에서 감정적인 요소를 최소화하고, 논리적이고 객관적인 관점을 유지하는 것이 중요하다.

둘째, 명확한 방향을 제시해야 한다. 조율 과정에서 리더는 조직의 목표를 명확히 제시해야 한다. 갈등의 본질을 파악하고, 이를 해결하기 위한 구체적인 계획과 우선순위를 구성원들에게 전달해야 한다.

셋째, 신뢰를 형성해야 한다. 조율은 신뢰를 기반으로 이루어진다. 리더는 구성원들이 자신의 의견이 존중받고 있다고 느끼도록 충분히 경청하며, 공정한 태도로 문제를 다뤄야 한다.

조율을 통한 갈등 해결의 장점

조율은 단순히 갈등을 해결하는 데 그치지 않는다. 이를 통해 조직은 다음과 같은 장점을 얻을 수 있다.

첫째, 구성원의 신뢰와 협력을 강화할 수 있다. 조율 과정을 통해 구성원들은 자신의 의견이 존중받고 있다고 느끼며, 조직 내 신뢰가 강화된다.

둘째, 조직의 목표와 구성원의 동기를 일치시킬 수 있다. 리더가 조율을 통해 조직의 비전을 명확히 제시하면, 구성원들은 개인적인 목표와 조직의 목표를 일치시킬 수 있다.

셋째, 갈등을 통한 조직의 성장을 경험할 수 있다. 적절히 조율된 갈등은 조직의 문제점을 개선하고, 새로운 변화를 모색할 기회를 제공한다.

갈등의 조율은 리더십의 고난도 스킬로, 구성원들이 스스로 문제를 이해하고 해결할 수 있는 환경을 조성하는 과정이다. 이러한 과정에서 리더십의 진정한 가치를 발휘할 수 있는 중요한 단계다. 이를 통해 리더는 구성원들과 신뢰를 쌓고, 조직을 더 높은 목표로 이끌 수 있다.

☀ 갈등 대처에서 리더의 역할

갈등 억제, 관찰, 조율은 각각의 상황에 따라 적절히 활용되어야 한다. 억제는 단기적이고 가벼운 갈등을 다룰 때 효과적이며, 관찰은 복잡한 갈등의 원인을 이해하는 데 필수적이다. 조율은 리더십의 고난도 스킬로, 갈등을 근본적으로 해결하고 조직의 성과와 신뢰를 동시에 높이는 데 활용된다.

성숙한 리더는 상황을 냉철히 분석하고, 각 단계에서 무엇이 필요한지를 명확히 판단할 것이다. 불필요한 갈등은 억제하며 조직의 에너지를 보존하고, 필요한 갈등은 관찰과 조율을 통해 긍정적인 결과로 이끌어낸다.

결국 갈등은 조직 내에서 피할 수 없는 문제지만, 리더의 능력에 따라 조직의 성패가 갈릴 것이다.

중재자의 역할: 갈등 상황에서의 경청과 해결

팀이나 조직에서 갈등이 생기면 리더는 '중재자'가 되어 갈등을 풀어주어야 한다. 중재자는 갈등의 원인을 정확히 파악하고, 충돌하는 의견을 조율하며 문제를 해결하는 역할을 맡는다. 이러한 갈등 상황에서는 경청하는 것에서만 그치지 않고, 즉각적인 해결을 목표로 한 노력을 해야 한다.

경청에서 실천으로: 객관적인 사실을 바탕으로 구체적인 피드백

팀에서 갈등이 생기면 리더는 그저 대화를 듣는 것만으로는 부족하다. 갈등을 해결하려면 리더가 더 구체적이고 실질적으로 경청해야 한다. 이때 중요한 점은 감정에 휘둘리지 않고 문제의 핵심을 정확히 파악하는 것이다.

예를 들어, 두 명의 구성원이 업무 분담 때문에 다툰다면, 리더는 먼저 두 사람의 이야기를 충분히 들어야 한다. 한 사람은 "내가 항상 더 많은 일을 맡는다"고 하고, 다른 사람은 "내가 더 힘든 일을 하고 있다"고 주장할 수 있다. 이럴 때 리더는 두 사람의 말을 모두 경청한 뒤, 실제로 어떤 일이 있었는지 객관적인 사실을 바탕으로 판단해야 한다.

이 과정에서 명확하고 구체적인 피드백을 주는 것이 중요하다. "네가 잘못했어"라고 말하는 대신, "이번에는 네가 맡은 업무가 조금 더 많았던 것 같아. 다음에는 업무를 더 공평하게 나누도록 하자"고 말하는 것이다. 이렇게 구체적인 피드백을 주면, 두 사람 모두 자신의 역할과 책임을 더 잘 이해할 수 있다. 이때 갈등은 더 쉽게 해결될 가능성은 높아진다.

건설적인 대화: 비판 대신 격려하기

갈등을 해결하기 위해서는 건설적인 대화가 필수적이다. 건설적인 대화는 비판 대신 격려와 제안을 바탕으로 이루어진다. 갈등을 해결하려면 잘못을 지적하는 것에서 멈추지 말고, 구성원들이 자신의 역할과 가치를 느낄 수 있도록 도와야 한다. 리더는 당사자들의 의견을 존중하면서도, 갈등의 원인에 대해 솔직하고 진심 어린 대화를 나눌 수 있어야 한다.

예를 들어, 구성원이 실수로 인해 갈등을 유발했다면, 리더는 "왜 그랬냐"고 따져 묻기보다는 "이 상황을 통해 무엇을 배울 수 있을까"라고 질문하며 성장의 기회로 전환시켜 주어야 한다. 이러한 접근은 구성원들에게 책임감을 부여하며, 갈등을 긍정적인 경험으로 전환해 준다.

이 과정에서 갈등의 원인을 분석하여 즉각적으로 해결 가능한지, 아니면 시간이 필요한지 판단해야 한다. 즉각적으로 해결할 수 있다면,

리더는 빠르게 대안을 제시하고 실행으로 옮겨야 한다. 반면 시간이 필요한 문제라면, 리더는 신뢰를 바탕으로 기다리며 상황을 지속적으로 모니터링해야 한다.

☀ 갈등 상황은 구성원을 작은 리더로 성장시키는 절호의 기회

갈등 상황에서 성숙한 리더는 구성원들이 스스로 문제를 이해하고 해결할 환경을 조성한다. 갈등은 조직에 악영향을 끼칠 수 있는 요소지만, 구성원이 리더로 성장할 기회로 삼는다면, 조직과 구성원 모두에게 긍정적인 영향을 미칠 수 있다. 리더가 모든 문제를 직접 해결하는 대신, 갈등 해결의 역할을 구성원에게 위임하고 조력자로서의 역할에 한정하여 지원한다면, 구성원들이 책임감을 느끼고 성장할 토대를 마련하는 계기가 된다.

권한 위임을 통한 리더십 훈련

갈등 상황에서 리더가 모든 일을 해결하려 하면, 구성원들은 스스로 문제를 해결할 기회를 얻지 못한다. 단기적으로는 문제를 신속히 해결하는 데 효과적일 수 있으나, 장기적으로는 구성원들의 자율성과 책임감을 약화시킬 위험이 있다.

리더는 갈등 해결의 역할을 지점장이나 팀장과 같은 중간 관리자에게 위임함으로써, 그들이 리더십을 실천할 기회를 제공해야 한다. 이 과정에서 리더는 필요할 때 방향성을 제시하거나 지원을 제공하며, 구성원이 독립적으로 문제를 해결할 수 있도록 돕는다.

갈등 상황에서 구성원들이 스스로 문제를 해결하도록 권한을 위임하는 것은 그들에게 리더십을 경험할 기회를 제공한다. 이는 단순히 구성원의 성장으로 끝나는 것이 아니다. 구성원이 갈등을 성공적으로 해결하며 성장할 때, 리더는 그 과정을 지켜보며 자신 또한 더 성숙한 리더로 발전할 수 있다. 이 과정에서 조직 전체가 성장하며, 리더와 구성원이 함께 성공을 이루는 긍정적인 선순환이 이루어진다.

☀ 거칠고 도발적인 피드백에 반응하는 법

조직 내에서 거칠고 도발적인 피드백은 리더에게 예상치 못한 도전으로 다가오곤 한다. 순간적으로 욱 하는 마음이 들 수도 있는데, 경험이 풍부한 리더라면 이러한 상황에서 당황하거나 감정적으로 대응하지 않을 것이다. 충분히 이런 상황을 많이 경험했다면 뜻밖에 그에게는 대단한 반응이 아니기 때문이다. 오랜 시간 동안 쌓아온 내공과 자기성찰을 통해 얻어진 관록 덕분이다.

하지만 내게는 늘 익숙지 않아서, 친구 사이에서든 가족끼리든, 아니면 팀 안에서든 이러한 뜻밖의 도발적 상황을 그려보곤 한다. 그리고 어떻게 대처해야 할지 점검하곤 한다.

상황을 예측하고 준비한다

거친 피드백에 잘 대처하기 위해서는 사전에 다양한 상황을 시뮬레이션하며 준비하는 것이 필요하다. 리더는 갈등이 발생할 가능성이 있는 상황을 예측하고, 각 상황에서의 대응 방안을 고민해야 한다. 이러한 준비 과정은 실제 상황에서 당황하지 않고 효과적으로 대응하는 데 큰 도움이 된다.

예를 들어, 팀 내 성과를 평가하는 과정에서 구성원들이 불만을 제기할 가능성을 예상하고, 이에 대한 답변과 대안을 미리 준비하는 것이다. 이렇게 준비된 리더는 예상치 못한 피드백이 들어와도 흔들리지 않고 침착하게 대응할 수 있다.

경청의 자세를 잃지 않는다

거칠고 공격적인 피드백에 직면했을 때 가장 먼저 필요한 것은 경청이다. 상대의 말을 끝까지 들어주는 태도에는 그 자체로 갈등을 완화시키는 힘이 있다. 상대가 극단적인 표현을 사용하더라도, 리더가 참을성 있게 경청하면 상대는 자신의 의견이 무시당하지 않았다는 느낌을 받는다. 이는 감정적으로 격앙된 상황을 진정시키는 데 효과적이다.

리더는 도발적인 피드백의 내용보다 그 이면의 의도를 파악해야 한다. 예를 들어, 상대가 사용하는 도발적인 어조 뒤에는 종종 긴급한 요구가 숨겨져 있다. 이를 경청하는 과정에서 리더는 상황을 더 명확히 이해하고, 적절한 대응 방안을 구상할 수 있다.

경험에서 비롯된 여유를 발휘한다

성숙한 리더는 거친 피드백에도 당황하지 않고 침착함을 유지한다. 오랜 경험을 통해 쌓은 내공 덕분이다. 경험이 부족한 리더는 공격적인 피드백에 쉽게 흔들릴 수 있지만, 실수를 통해 배우고 자기성찰을 반복하다 보면 점차 안정감 있는 태도를 갖출 수 있다.

경험에서 비롯된 여유는 말과 행동에서도 나타난다. 리더는 한 템포 쉬어가며 대응하는 방식을 통해 말실수를 줄이고, 감정을 통제할 수 있다. 즉각적으로 반박하거나 감정적으로 대응하기보다, 상대의 의도를 충분히 이해한 후 신중하게 답변하는 태도가 중요하다.

표현에 신중해야 한다

또한, 거칠고 도발적인 피드백에 대응할 때는 말과 글의 표현 방식에 신중을 기해야 한다. 특히, 서면으로 대응할 경우 표현이 지나치게 딱딱하거나 차갑게 느껴지지 않도록 주의해야 한다. 상대방이 공격적인 태도를 보였다고 해서 똑같이 대응하면 상황이 악화될 뿐이다.

리더는 돌려서 말하기와 긍정적인 표현을 통해 상황을 부드럽게 만들 수 있다.

생각할 여지를 제공한다

즉각적인 결론을 내리기보다 상대방에게 생각할 여지를 주는 것도 효과적인 대응 방식이다. 상대가 격한 반응을 보였을 때, 이를 바로 판단하거나 반박하기보다 "말씀하신 부분을 검토하고 다시 논의하겠습니다"와 같은 답변을 통해 상대방이 자신의 주장을 재검토할 시간을 주는 것이다.

이러한 접근을 할 때 상대방은 스스로를 돌아볼 기회가 생기며, 리더 역시 더 신중히 상황을 분석하고 대응 방안을 마련할 시간을 확보할 수 있다.

거칠고 도발적인 피드백은 리더로서의 성숙도를 시험하는 기회다. 경청의 자세를 유지하며, 여유 있고 신중하게 대응하는 태도는 리더가 구성원들에게 신뢰를 얻는 데 중요한 역할을 한다.

🌻 갈등 해결은 리더십의 고난도 스킬

- 사람이 있는 곳에선 항상 갈등이 있다. 피할 수 없다면 즐겨라.
- 갈등의 원인을 잘 파악해야 적절한 대응책을 마련할 수 있다. 갈등의 유형을 내외부, 해결 가능성, 필연과 불필요, 일시와 지속 여부 등으로 나누어 살펴보자.
- 갈등의 대처법에는 '억제'의 방식도 있지만, 큰 조직의 리더라면 대체로 '관찰'을 통하여 '조율'을 하는 중재자의 역할을 하게 된다.
- 갈등이 발생하면 가급적 즉각적인 해결을 위해 노력해야 하며, 구성원을 주도적인 참여자로 독려하여 작은 리더로 성장시키는 기회로 삼자.

Chapter 5

리더십의 꽃, 혁신적 변화

리더는 조직을 긍정적으로 변화시키려는 존재다

☀ 대인은 호랑이처럼 변하고 소인은 얼굴만 바꾼다

리더십의 궁극적인 목표는 조직을 긍정적으로 변화시키고, 지속 가능한 발전을 이루는 데 있다. 결국 리더는 조직 전체를 융화하며 하나의 목표를 달성하기 위해 추진하는 역할을 맡는다. 경청도 이를 위한 것이다. 경청 없이는 올바르게 추진하기 어려워질 때가 많지만, 결국엔 추진을 해서 조직에 긍정적인 변화를 이끌어낼 때 리더 본연의 임무를 다하는 것이다.

혁신의 리더가 최고의 리더

변화를 두려워하지 않는 리더는 대인의 자질을 갖춘 사람이다. 중국 고전 〈주역〉에서 유래한 "대인호변, 소인혁면(大人虎變 小人革面)"이라는 말처럼, 진정한 리더는 엇비슷한 고만고만한 변화를 넘어, 조직의 근본적인 구조와 방향성을 과감하게 변화시킨다. 반면, 변화에 소극적인 리더는 단지 표면적인 모습을 바꾸는 데 그치며, 진정한 혁신에는 이르지 못한다.

최고의 리더는 변화의 방향을 설정하는 데 능숙하며, 이를 통해 조직을 새로운 단계로 도약시킨다. 변화에 민감하며, 새로운 트렌드와 정보를 끊임없이 접하고 이를 조직의 전략에 반영하는 것이 리더의 핵심 역할이다. 이러한 리더십은 조직이 미래에도 지속 가능하게 성장하도록 만드는 원동력이 된다.

경청과 추진: 리더십의 양 날개

리더십의 꽃이라 할 수 있는 혁신적 변화는 경청과 추진이 조화롭게 어우러질 때 비로소 완성된다. 리더는 구성원들의 의견을 경청하며, 그들의 변화 의지를 독려하고 이를 조직의 목표와 연결시켜야 한다. 동시에 업무를 추진하며 구성원들을 같은 방향으로 이끌어야 한다. 경청과 추진은 서로 독립적인 과정이 아니라, 리더십의 두 축으로서 동시에 이루어져야 한다. 추진하는 과정에 경청이라는 단계가 포함되기 마련이고, 경청의 과정에도 끝내는 구성원을 세련되게 설득해서 참여를 독려하는 단계가 포함된다. 추진 안에 경청 있고, 경청 안에 추진이 있는 것이다.

예를 들어, 팀 내에서 새로운 프로젝트를 시작할 때, 리더는 먼저 구성원들의 의견과 아이디어를 경청해야 한다. 이 과정에서 구성원들은 자신의 생각이 존중받는다고 느끼며, 더 적극적으로 프로젝트에 참여하게 된다. 이어서 리더는 명확한 목표와 계획을 제시하며, 조직 전체가 같은 방향으로 나아갈 수 있도록 추진력을 발휘해야 한다.

갈등을 다루며 변화를 이끄는 리더

변화에는 항상 갈등이 따르기 마련이다. 변화를 유도하려다 보면 필연적인 갈등뿐 아니라, 불필요한 갈등도 수시로 생길 수 있다. 그래서 이러한 갈등 발생에 자신 없다면 변화를 도모하기 어렵다. 변화를 원하는 리더라면 갈등을 능숙하게 억제하거나 조율하며, 긍정적인 변화의 동력으로 전환시킬 수 있어야 한다.

또한 리더는 구성원들이 변화의 필요성을 스스로 깨닫고, 자발적으로 변화에 동참할 수 있도록 격려해야 한다. 이렇게 모두가 같은 목표를 향해 움직일 때, 조직은 더욱 강력한 추진력을 갖게 된다.

리더십의 완성: 지속 가능한 조직 만들기

이때 리더는 조직이 지속 가능한 발전을 이루도록 변화의 방향을 설정하고 이를 실행해 나가야 한다. 이는 중간관리자와 최고관리자 모두에게 요구되는 공통된 목표다.

리더십의 꽃이라 할 수 있는 혁신적 변화는 단순히 조직의 성과를 올리는 것을 넘어, 조직의 미래를 준비하는 과정이다. 즉 추진과 경청의 균형을 통해 조직 내 신뢰를 구축하고, 구성원들과 함께 지속 가능한 발전을 가능하게 할 때 리더십의 정점에 도달할 수 있다. 이러한 리더야말로 조직의 미래를 설계하고 실현하는 창의적 리더라 할 수 있다.

☀ 리더마다 허락된 역할 범위: 권한과 책임의 경계

리더십은 무한하지 않다. 리더는 자신에게 허락된 역할과 권한의 범위를 명확히 이해해야 하며, 그 한계 안에서 조직의 변화를 이끌어야 한다. 과도한 욕심이나 무리한 목표는 오히려 조직에 부정적인 영향을 미칠 수 있다. 반대로, 현실적인 지점에서 자신의 권한과 책임을 바탕으로 점진적으로 변화를 도모한다면, 작지만 중요한 성과를 만들어낼 수 있다.

환경 변화가 곧 조직 변화

리더십의 첫걸음은 구성원 개인이 아니라, 조직 환경을 개선하는 데 초점을 맞추는 것이다. 개인의 역량이나 태도는 때로는 리더가 직접적으로 개입하기 어렵다. 그러나 조직의 환경은 리더가 조정할 수 있는 중요한 영역이다.

예를 들어, 조직 내 분위기를 전환하기 위해 간단한 변화를 시도할 수 있다. 자리를 바꾸거나 책상을 옮기면서 새로운 분위기를 만들어보는 것이다. 거대한 변화는 없겠지만 그래도 작은 변화만으로도 은근한 활력을 불러일으킬 수 있다. 독서 모임의 활성화를 통해 회식 대신해 팀워크를 다지는 것은 어떨까. 한 달에 한 번 차담회 겸 점심 회식을 하는 것은 또 어떨까. 과도하게 술을 마시는 회식을 자제하면서 새로운 회식 문화를 만드는 것도 나쁘지는 않다. 비용 문제도 무리 없다면 하지 않을 이유가 없다.

이러한 변화는 구성원들에게 신선함을 제공하고, 조직에 새로운 에너지를 불어넣는 효과를 낸다. 작은 변화가 조직 전체에 긍정적인 영향을 줄 수 있다는 것을 보여주는 좋은 사례다.

작은 도전과 긍정적인 에너지

이를 조금 더 확장한다면 조직의 활력을 불러일으키는 데 있어 새로운 도전은 필수적이다. 리더는 구성원들에게 늘 새로운 것을 던져주는 역할을 해야 한다. 나는 종종 다음과 같이 말하곤 한다.

"항상 새로운 것을 던져주려고 합니다. 사람들은 새로운 것을 좋아하기 때문입니다. 그 도전이 작더라도, 조직 전체에 긍정적인 에너지를 줄 수 있습니다."

작은 변화와 도전은 구성원들에게 동기를 부여하고, 조직 전체의 분위기를 전환시키는 데 중요한 역할을 한다.

조직의 유연성과 자율성 확대

리더는 때로는 기존의 경직된 구조를 유연하게 바꾸는 것이 필요하다. 'N잡(다중 직업)'을 허용하는 문화의 도입은 그 예가 될 수 있다. 설계사들에게 다른 일을 할 수 있는 여지를 부여하면서 조직의 자율성과 유연성을 확대한 사례였다. 이러한 접근은 구성원들이 더 안정적으로 자신의 업무를 지속하도록 돕는 동시에, 조직 전체의 유연성을 높이는 데 기여한다.

또한, 설계사들이 6개월간 출근하지 않아도 업무를 유지할 수 있는 시스템으로 개편한 사례는 조직의 안정성을 유지하며 구성원들에게 신뢰를 심어주는 데 효과적이었다.

다만, 이러한 변화는 리더의 지위에 따라서 시도 자체가 어려운 경우도 있을 것이다. 작은 변화에 성실하다 보면 조직의 문화를 새롭게 혁신하는 권한을 부여받는 날도 올 것이니, 자신의 처지에 맞춰 최선을 다하면 된다.

현실적인 지점에서 균형을 맞추는 리더십

리더는 허락된 권한의 범위 안에서 성과를 만들어내는 것이 중요하다. 어떤 리더는 큰 변화를 이끌 권한과 책임이 있고, 상대적으로 다른 리더는 그보다 작은 권한과 책임만을 부여받기도 한다. 이때 리더는 자신의 역할과 책임을 명확히 이해하고, 그 안에서 조직에 긍정적인 변화를 만들어내야 한다. 이는 자기 성찰과 현실에 대한 명확한 인식에서 출발한다. 리더는 자신에게 주어진 권한과 자원을 최대한 활용하면서도, 현실적인 한계를 이해하고 이를 바탕으로 조직에 긍정적인 변화를 가져오는 방향으로 나아가야 한다. 그렇게 현실적인 지점에서 균형을 맞추어 점진적으로 변화를 이끌다 보면 어느덧 작은 성과들이 쌓여서 의미 있는 풍경을 이룰 것이다.

☀ 작은 변화에서 시작되는 큰 혁신: 성숙한 리더의 역할

성숙한 리더는 크고 거창한 변화를 이끌지 않더라도 작은 지점에서 시작되는 변화만으로, 조직에 의미 있는 소용돌이를 일으킬 가능성이 높다. 오래된 경험을 바탕으로 현장에서 잔뼈가 굵다 보면, 조직에 꼭 필요한 변화의 아이디어 하나쯤은 있기 때문이다. 물론, 자기 임무에 충실하면서 현재 조직의 상황과 미래 방향성을 이해할 때 가능한 일이다.

작은 변화를 통한 큰 영향

리더는 작은 변화에도 주목할 줄 알아야 한다. 가령, 독서클럽을 운영하거나 구성원들과 새로운 아이디어를 공유하는 것만으로도 조직 내에 새로운 에너지를 불러일으킬 수 있다. 단순한 벤치마킹이나 실험적인 소소한 시도들이 때로는 조직 전반에 긍정적인 영향을 미치고, 새로운 분위기를 만들어내는 계기가 되기도 한다. 큰 예산이나 대대적인 계획 없이도 가능하고, 조직에서 권장하는 사안이라면 실행해보는 편이 좋다. 그러다가 현장 상황에 맞게 더 나은 방식으로 모임을 개편하거나 운영하는 노하우를 얻을 수도 있는 것이다. 이러한 작은 변화들로 인해 구성원들은 신선한 동력을 얻고, 점차 더 큰 변화를 위한 기반을 마련한다. 리더는 이러한 과정을 통해 구성원들이 변화의 필요성을 깨닫고 자발적으로 참여하도록 이끈다.

조직의 방향성을 읽고 관행을 바꾸다

성숙한 리더는 조직의 방향을 정확히 읽고, 기존의 관행을 변화시키는 데 주저하지 않는다. 이는 단순히 새로운 시스템을 도입하는 것을 넘어, 조직 내 오래된 관습이나 비효율적인 요소들을 개선하려는 의지를 필요로 한다. 작은 변화라도 꾸준히 지속된다면, 결국 조직의 체질 자체를 개선할 수 있다.

예를 들어, 업무 방식에서 불필요한 절차를 간소화하거나, 회의 문화를 바꿔 더 효율적인 협업을 가능하게 만드는 것은 허용된 범위 안에서 변화를 이끌어낼 방법이다. 이러한 변화는 조직 전체의 방향성에 부합하며, 구성원들에게도 더 나은 업무 환경을 제공하는 효과가 있다.

내적 성장과 조직의 목표를 일치시키는 순간

앞서도 말했듯이 성숙한 리더는 구성원들과 함께 내적 성장을 경험하며, 개인의 목표와 조직의 목표가 일치하는 순간을 만들어낸다.

구성원들이 자신의 역할에 자부심을 느끼고, 조직의 목표를 자신의 일처럼 받아들이게 될 때, 조직은 더 큰 시너지를 발휘할 수 있다. 이러한 순간을 만들어내기 위해 리더는 구성원들에게 꾸준히 동기를 부여하고, 그들의 의견을 존중하며, 변화를 함께 경험하는 동료로서의 역할을 해야 한다.

생각 노트

모든 변화는 좋은 사례를 벤치마킹해서 철저하게 공부하고, 그것을 답습하지 않고 재해석해서 새롭게 하는 것이라고 생각한다. 파격적인 변화는 정말 쉽지 않기에, 기본에 바탕을 두고 새로운 개성을 더하는 것이 대개의 좋은 변화라고 생각한다. 그런 점에서 '정답은 없되, 정답에 가까운 기준'은 있다고 생각한다. 그걸 적절히 뒤틀며 최적화하는 작업이 뒤따를 때 길을 잃지 않을 수 있다.

변화를 위한 경청과 추진의 균형

☀ 변화의 필요성 이해시키기: 기다리는 경청과 끌어당기는 설득

변화는 조직의 발전에 필수적인 요소다. 그러나 구성원들이 변화를 필요로 한다는 사실을 이해하지 못하면 그 과정은 예상보다 훨씬 더디고 어려워진다. 리더는 이러한 문제를 해결하기 위해 변화의 필요성을 설득하며, 이를 위해 최고의 경청 능력을 발휘해야 한다. 이를 통해 구성원들이 변화를 스스로 선택하도록 유도하고, 협력의 중요성을 깨닫게 해야 한다.

경청에서 시작되는 설득

변화의 필요성을 설득하는 과정은 경청에서 시작된다. 리더는 구성원들의 의견과 우려를 깊이 이해하며, 이들이 변화를 받아들이기 전에 먼저 그들의 목소리를 들어야 한다. 이때 구성원들과의 대화를 통해 그들의 생각을 존중하고 진정으로 이해하려는 적극적인 자세가 필요하다.

진정한 경청을 통해 리더는 "내가 당신들의 말을 경청했으니, 이제는 나의 말도 들어달라"는 상호적인 관계를 만들어간다. 이러한 방식으로

리더는 구성원들이 변화를 자신의 의지로 선택하게끔 돕는다. 이 과정은 쉽지 않으며, 때로는 번거롭고 오랜 시간이 걸릴 수 있다. 특히 가장 어려운 작업인 변화로의 동참을 이끌어내기 위해서는 이 과정은 결코 피할 수 없다.

변화를 위한 협력 이끌어내기

이처럼 리더는 변화를 위해 구성원을 설득하는 과정에서 경청에만 의존해서는 안 된다. 구성원들이 변화를 선택하도록 기다리기만 한다면, 그 과정은 지나치게 오래 걸릴 수 있다. 따라서 리더는 구성원들과의 소통을 통해 협력의 기반을 구축하는 방향으로 노력해야 한다.

즉, 협력을 이끌어내기 위해 구성원들이 얻을 수 있는 이점과 필요성을 명확히 전달해야 한다. 예를 들어 새로운 업무 방식을 도입하는 경우, 리더는 그것이 구성원들에게 어떤 이점을 가져다줄지 구체적으로 설명하며, 그들이 변화를 자발적으로 수용할 기회를 제공해야 한다.

변화의 저항과 진통 관리

변화를 추진하는 과정에서 갈등과 저항은 불가피하다. 이는 변화를 위한 필연적인 진통으로 볼 수 있다. 구성원들이 기존의 방식을 고수하려는 심리적 저항이나, 새로운 방식에 대한 불안감은 흔히 발생한다. 리더는 이러한 저항을 단순히 회피하거나 억누르는 대신, 이를 관리하고 조율하며 구성원들이 변화를 받아들일 수 있도록 도와야 한다.

변화를 추진하면서도 리더는 구성원들의 우려에 공감하며, 그들의 의견을 존중하는 태도를 유지해야 한다. 예를 들어, 새로운 기술을 도입할 때 구성원들이 어려움을 호소한다면, 이를 경청하고 적절한 교육이나 지원을 함으로써 저항을 완화할 수 있다. 갈등이 심화될 경우, 리더는 갈등의 본질을 파악하고 중재자로서 문제를 해결해야 한다.

☀ 변화의 비전 제시하기

변화는 조직에 긍정적인 발전을 가져오기 위한 필수적인 과정이지만, 언제나 쉽지 않은 과제다. 특히 변화의 비전이 명확히 소통되지 않는다면, 구성원들은 변화의 길을 이해하지 못하고 불필요한 저항이 발생할 수 있다. 이러한 저항은 조직의 에너지와 자원을 소모시키며, 변화 추진의 걸림돌이 된다.

따라서 리더는 변화를 성공적으로 이끌기 위해 비전을 명확히 제시하고 이를 효과적으로 소통해야 한다. 구성원으로서는 왜 변화해야 하는지 이해하는 과정에서 비전을 통해 좀 더 명료하게 변화 후를 상상할 수 있게 된다.

변화를 위한 비전의 중요성

변화의 비전은 구성원들이 어디에 서 있으며, 앞으로 어디로 나아가야 하는지를 이해시키는 역할을 한다. 이는 구성원들에게 변화의 필요성과 그 방향성을 설득하는 데 중요한 기초가 된다. 비전이 없거나 모호하다면 구성원들은 방향을 잃고 혼란스러워하며, 불필요한 저항과 불만으로 이어질 가능성이 크다.

리더는 변화의 비전을 제시하면서 구성원들에게 현재 상황과 목표를 명확히 설명해야 한다. 이를 통해 구성원들이 변화에 동참하고 싶다는 동기를 느끼게 해야 한다. 또한, 리더는 변화가 이루어지는 과정에서 발생할 어려움을 솔직히 밝혀야 한다. 이는 구성원들이 현실을 이해하고, 변화의 길에서 겪을 수 있는 불확실성에 대비하도록 돕는다.

불필요한 저항의 최소화

변화의 비전을 명확히 소통하지 않으면, 구성원들은 변화의 이유와 목적을 이해하지 못해 불필요한 저항을 일으킬 수 있다. 이러한 저항은 단순히 변화에 대한 두려움에서 비롯되는 경우가 많다. 리더는 이러한 두려움을 완화하기 위해 변화의 과정과 목표를 투명하게 공개하며, 구성원들이 느낄 수 있는 불안과 의문을 경청해야 한다.

예를 들어 조직의 구조를 재편하거나 업무 방식을 변경하는 경우, 구성원들은 자신의 역할이 축소되거나 안정성이 위협받을까 두려워할 수 있다. 이때 리더는 변화의 비전을 명확히 설명하며, 이러한 변화가 조직 전체뿐 아니라 구성원 개인에게도 어떤 이점을 가져다줄 것인지를 강조해야 한다. 또한 변화의 과정에서 발생할 어려움을 인정하며, 이를 극복하기 위해 조직과 리더가 어떻게 지원할 것인지 구체적으로 제시하는 것이 중요하다.

장기적인 비전과 현실적인 각오

변화의 비전은 단기적인 목표뿐 아니라, 조직이 나아갈 방향을 제시하는 장기적인 비전 역시 포함해야 한다. 이는 구성원들이 변화의 최종 목적을 이해하고, 그 과정에서 발생하는 어려움과 도전을 더 잘 받아들일 수 있도록 돕는다. 이때 개인적으로는 너무 거창하거나 추상적으로 비전을 포장하기보다는, 선명하게 와닿을 수 있도록 직관적이고 구체적인 목표로 제시하는 것을 선호한다.

예를 들어, 새로운 기술 도입을 통한 생산성 향상이 변화의 목표라면, 단순히 기술의 효율성을 강조하는 것만으로는 충분하지 않다. 이 기술이 도입되었을 때 조직이 어떤 위치에 설 수 있는지, 우리 회사 실적이 업계 몇 위로 오르는지, 더 나아가 구성원들이 어떤 성장의 기회를 얻게 될지를 구체적으로 제시하는 것을 선호하는 편이다. 동시에, 변화의 과정이 쉽지 않을 것이라는 점을 솔직히 밝혀 구성원들이 현실적인 각오를 다질 수 있도록 해야 한다.

리더는 구성원들에게 "변화는 어렵지만, 함께 노력하면 우리가 원하는 미래를 이룰 수 있다"는 메시지를 전달해야 한다.

변화의 비전이 조직에 미치는 영향

변화의 비전을 명확히 소통하고 구성원들이 이를 수용하게 되면, 조직은 보다 원활하게 변화의 과정에 적응할 수 있다. 이는 갈등과 저항을 줄이는 것을 넘어, 조직 전체에 긍정적인 에너지를 불어넣는다. 구성원들은 변화가 조직과 자신에게 가져다줄 긍정적인 결과를 기대하며, 변화의 과정에 적극적으로 동참하게 된다.

가장 극렬한 갈등, 변화에 대한 저항

변화는 조직을 성장시키는 데 필수적이지만, 그 과정에서 마주하는 저항은 종종 가장 극렬한 갈등으로 나타난다. 변화에 대한 저항은 대개 기존의 관성과 이해관계에서 비롯되며, 개혁에 실패할 경우 가중되는 혼란에 대한 두려움도 큰 원인이다.

변화의 본질과 저항의 이유

사람들은 살면서 많은 것에 저항한다. 일단 저항하고 보는 경우가 많다. 왜 그런가 궁금한 적도 있는데 개인적으로는 세 가지를 든다.

첫째, 변화가 자신에게 어떤 영향을 미칠지 정확히 알지 못하기 때문에 불안과 거부감을 느낀다. 그저 본능적으로 지금과 달라지는 것을 꺼리는 경우다. 이런 경우는 비용이 들지 않고 딱히 수고하지 않아도 되는 변화조차 달가워하지 않는다.

둘째, 변화에 실패할 경우 조직 전체가 겪게 될 혼란 때문에, 변화를 받아들이는 데 거부감을 느끼기도 한다. 그만큼 변화는 물적 정신적 비용을 치르는 것이기 때문이다.

셋째, 기존 방식에 익숙한 구성원들은 변화로 인해 자신의 이득이 반감되거나, 자신들의 권한을 위협받는다고 생각하기도 한다. 기존의 이해관계에 따른 거부감인 셈이다. 나름대로 합리적인 이유이고, 그것에 대한 대안을 마련해주면 쉽게 극복되는 저항이기도 하다. 만일 타협할 수 없는 지점이라면 해결이 어렵기도 하지만, 어쨌든 뚜렷하게 원인과 대처 방법이 있다는 특징이 있다.

다만, 이유를 안다고 해도 변화에 대한 극렬한 저항은 리더가 직면하는 가장 어려운 갈등 중 하나다. 이러한 갈등은 단순히 설득과 대화만으로 해결되지 않을 수 있다. 오히려 리더는 자신의 의도가 왜곡되거나 진의가 제대로 전달되지 않는 상황까지도 감수해야 한다. 이는 변화 과정에서 리더가 반드시 시뮬레이션을 통해 예상하고 대비해야 할 리스크 중 하나다.

경청과 대화: 극렬한 저항에 대한 대응법

극렬한 저항은 단순히 강압적인 억제로 해결되지 않는다. 리더는 경청의 기술을 활용해 구성원들의 목소리를 듣고, 그들이 느끼는 불안을 이해해야 한다. 이는 상대방의 입장을 공감하며 문제 해결의 방향을 함께 모색하는 과정이다.

이 과정에서 리더는 다음과 같은 원칙을 따라야 한다.

우선, 진정성 있는 대화를 해야 한다. 동시에 거칠고 도발적인 피드백에도 흔들리지 않고, 여유 있게 대응하며 상대의 감정을 진정시킬 준비를 해야 한다.

둘째, 명확한 비전을 제시하고 동참을 유도한다. 그들에게도 나쁜 변화가 아닐 것이라는 설득을 할 수 있어야 한다. 만일 부득이하게 그들 자체가 개혁의 대상이라고 한다면, 리더의 결단이 필요하다. 도저히 좁힐 수 없는 간극에서는 리더의 추진력이 중요해지지만, 한 배를 타고 있는 것이라면 리더는 나아갈 방향과 비전을 명확히 설명해, 구성원들이 변화의 필요성을 이해하도록 돕는다.

셋째, 실패를 두려워하지 않도록 독려해야 한다. 늘 실패는 있기 마련이다. 한두 번 실패했다고 포기하면 아무것도 할 수 없다. 변화의 진통과 시행착오가 있을 것이라는 점을 분명히 각인시키고, 그러한 마라톤 과정에 그들을 진지하게 동참시킬 수 있어야 한다. 또 시행착오를 성장의 일부로 받아들이고, 이를 통해 얻을 수 있는 긍정적인 결과를 강조한다.

바닷가재의 탈피: 변화와 성장을 위한 비유

변화는 마치 바닷가재의 탈피와도 같다. 바닷가재는 성장하기 위해 단단한 껍질을 벗어야 한다. 이 과정은 고통스럽고 위험하지만, 껍질을 벗지 않으면 더 이상 성장할 수 없다. 조직 내에서 변화는 곧 바닷가재의 탈피와 같은 과정이다. 구성원들이 익숙한 방식에서 벗어나 새로운 방식을 받아들이는 것은 불편하고 힘든 일이지만, 이러한 과정 없이는 조직도 개인도 성장할 수 없다.

성과 없는 상황에서도 흔들리지 않기

리더로서 성과가 쉽게 보이지 않는 상황은 누구에게나 가장 어려운 순간일 것이다. 그래서 변화의 성공 여부가 불투명할 때에도 흔들리지 않는 뚝심이야말로 리더에게 중요한 자질이다. 조직의 변화와 성장은 단기간의 성과로 완성되지 않는다. 오히려 긴 호흡으로 바라보아야 할 장기적인 과정이다. 이 과정에서 리더의 흔들리지 않는 뚝심은 조직의 모든 구성원에게 안정감을 줄 뿐만 아니라, 어려운 시기를 이겨낼 용기를 심어주는 원천이 된다.

성과 없는 상황에서 요구되는 뚝심

리더가 스스로 불안을 느낄 수는 있지만, 이를 지나치게 드러내거나 흔들리는 모습을 보인다면, 구성원들은 리더를 믿고 따를 수 없게 된다. 리더는 어떤 상황에서도 자신이 가고자 하는 방향과 목표에 대해 뚝심을 가져야 한다. 확신이란 깊이 있는 준비와 치밀한 계획에서 나오는 것이다.

그럼에도 불구하고 외부 압박과 내부 저항은 끊임없이 리더를 시험한다. 때로는 확신이 있더라도 물러나야 할 때가 생긴다. 이때 중요한 것은 곤란한 상황에서도 도전을 멈추지 않는 자세다. 변화는 결코 쉽게 이루어지지 않는다. 어쩌면 실패를 통해서만 다음 단계로 나아갈 수 있는 통로가 열릴지도 모른다. 마치 강을 건너려는 시도를 하지 않으면 강 너머에 이를 수 없듯이, 실패와 시행착오를 겪지 않고는 변화를 완수할 수 없다.

시행착오와 실패를 대하는 자세

리더는 실패와 시행착오를 두려워하지 말아야 한다. 실패는 성공의 반대가 아니라 성공으로 가는 과정이다. 미국 항공우주국(NASA)의 사례처럼, 실패를 겪은 전문가에게 중요한 임무를 맡기는 이유는 그들이 해당 문제를 누구보다 깊이 고민하고 경험했기 때문이다.

리더로서 나 역시 실패의 순간을 자주 맞닥뜨렸다. 그러나 실패를 인생의 자산으로 삼으려고 노력했다. 구성원들과 이를 공유하며, 실패를 두려워하지 말고 끊임없이 도전해야 한다는 메시지를 전했다. 중요한 것은 실패를 통해 무엇을 배우고, 이를 어떻게 다음 단계로 연결시키는가 하는 것이다. 실패를 두려워하는 조직에서는 변화와 성장이 일어날 수 없다.

성공은 꾸준한 도전의 그림자

성공은 누구에게나 주어지지 않는다. 그것은 절실한 마음으로 끊임없이 도전한 사람들에게만 주어지는 보상이다. 리더는 이러한 메시지를 구성원들에게 전달하며, 실패에도 좌초하지 않고 끊임없이 나아갈 수 있는 용기를 심어주어야 한다. 결국, 실패와 시행착오를 넘어서는 과정에서만 조직은 성장하고 변화할 수 있다.

성공은 목표가 아니라 과정의 결과다. 좋은 과정을 성실히 채워나갈 때 성공은 자연스럽게 드러나는 것이다. 리더는 그 과정에서 구성원들과 함께 도전하고, 실패의 순간조차 긍정적인 에너지로 바꿔 조직 전체를 이끌어야 한다. "한 걸음 더 나아가면 빛이 보인다"는 믿음을 구성원들과 공유하며, 실패에도 굴하지 않는 리더십으로 강 너머의 새로운 세계를 함께 열어가야 한다.

생각 노트

"나는 돌멩이, 이리 치이고 저리 치여도, 굴러가다 보면 좋은 날 오겠지, 내 꿈을 찾아서, 내 사랑 찾아서, 나는 자유로운 새처럼 맘껏 하늘을 날고 싶어."

마시따밴드의 〈돌멩이〉는 요즘 자주 듣는 곡이다. 어쩐지 묵묵히 견디며 인생의 풍파를 맞는 과묵한 인간을 느꼈다. 그러면서 하늘을 날고 싶어 하는 돌멩이의 구르는 의지가 마음에 와 닿았다.

'흔들리면서도 부서지지 않는 것'처럼, 시련을 피하기보다는 온몸으로 받아들이고 자신의 일부로 만드는 모습이 사람 냄새나는 것 같아 좋아한다.

오늘도 가사를 읊조려 본다. 우리네 삶의 굳센 마음들을 격려하는 인생 찬가의 가사를.

변화 속에서 리더의 역할

☀ 침몰하지 않게 하는 것만으로는 목적지에 닿을 수 없다

리더의 역할은 조직을 침몰하지 않게 유지하는 것에서 그치지 않는다. 리더가 진정으로 해야 할 일은 변화의 시류 속에서 조직을 긍정적으로 혁신하고 성장하도록 이끄는 것이다. 기존의 성과를 잘 유지하는 것도 중요하지만, 이는 어디까지나 리더의 기본적인 책무일 뿐, 그 이상의 성과를 이루기 위해서는 변화와 적응을 두려워하지 않는 안목과 추진력이 필요하다.

설계사에서 본부장으로: 뚝심과 관계의 힘

물론, 변화는 리더에게도 새로운 도전이다. 설계사로 시작해 본부장이 되기까지, 기존의 편견과 나 자신의 한계를 극복하며 스스로를 끊임없이 변화시켜야 했다. 때때로 변화의 과정에서 스스로도 확신하지 못하는 상황에 부딪히기도 했는데, 이런 경우에도 구성원들을 다독이며 변화의 방향으로 이끌어야 했다. 이런 경우에는 리더조차 여러 저항과 시행착오를 겪으며 흔들리기 마련이다.

이럴 때 필요한 이들이 바로 동료들이다. 리더는 평소에 동료들과의

신뢰를 쌓고, 함께 성장하는 관계를 만들어야 한다. 변화의 순간에 서로가 필요하다는 사실을 깨닫고, 그 힘이 얼마나 큰지 성과로 보여주는 일도 리더의 역할이다.

상상력과 준비: 미래를 위한 단련

변화를 성공적으로 이끌기 위해서는 리더 스스로 끊임없이 단련하고 준비해야 한다. 아무도 나서지 않는 상황에서도 리더는 차분히 역량을 키우며, 변화에 대비한 시뮬레이션과 상상을 멈추지 않아야 한다. 개인적으로는 성숙한 리더의 모습을 쉼 없이 상상했지만, 그만큼이나 조직의 미래에 대한 선명한 기대를 품고, 동료들과 함께 더 나아질 수 있다는 믿음을 잃지 않는 것도 중요하다.

변화와 성장: 함께 나아가는 리더십

이처럼 리더는 변화의 과정에서 구성원들과 함께 성장하는 존재다. 변화의 필요성을 이해시키고, 이를 통해 조직 전체가 긍정적인 변화를 겪으며 발전할 수 있도록 이끄는 것이 리더의 역할이다. 갈등을 조율하고, 방향을 제시하며, 구성원들과 협력하여 목표를 달성하는 과정을 통해 리더는 조직과 함께 성장한다.

그런 점에서 궁극적으로 리더십의 핵심은 변화와 성장을 위한 끊임없는 노력과 실천이다. 침몰하지 않게 하는 것을 넘어, 목표를 향해 나아가는 혁신의 항해를 이끄는 리더의 역할이야말로 조직의 지속 가능한 발전을 가능하게 한다.

리더는 조직을 이끄는 사람이지만, 동시에 누군가의 롤모델, 즉 워너비가 될 수 있는 존재다. 예를 들어, 여성 리더는 그 자체로 수많은 여학생들에게 희망의 상징이 될 수 있다. 그렇기에 리더는 자신의 위치와 처지를 정확히 알고, 책임감 있게 행동해야 한다. 리더로서 한 걸음 한 걸음 내디딘 행동이 다른 사람들에게 영향을 미치고 있다는 사실을 항상 염두에 두어야 한다.

워너비로서의 책임감과 리더십의 무게

리더가 자신의 역할을 다하지 못하면, 그것은 자신의 실패로만 끝나지 않는다. 리더를 믿고 따르던 사람들에게 실망감을 줄 수 있으며, 희망의 등대였던 존재가 무너짐으로써 그들 역시 갈 길을 잃게 될지도 모른다. 어떤 이름 모를 사람들의 삶에 크나큰 영향을 끼칠 수도 있는 것이다. 이는 성공한 리더의 무게이자, 책임의 한 부분이다.

따라서 리더가 워너비로 자리 잡기 위해서는 꾸준한 노력과 자기성찰이 필요하다. 리더 역시 모든 것을 알고 시작하는 것이 아니다. 때로는 길을 잃고 헤매며, 시행착오를 겪는다. 유명한 리더들의 사례를 공부하면서 그들도 나처럼 배워야 하던 시절이 있었다는 것에 위안을 얻기도 했다. 그리고 그들은 그 과정을 극복하고 결국에 위대한 리더로 이름을 남겼다.

나는 그들의 그림자를 살피며 그들이 걸어간 길을 바라본다. 그리고 그들의 반만이라도 닮으려고 노력하고 있다. 물론 그런 과정이 쉽지는 않다. 벌써부터 좌절도 많이 했다. 그런 경험을 반복하며, 책을 뒤적이고 답을 찾으려 노력했다. 그리고 책 속에서 발견한 워너비의 지혜와 경험은 등대의 불빛 같았고, 불빛이 뻗어나간 망망대해 어딘가에 있을 아름다운 섬에 대해 상상했다. 그러면 다시금 지속할 용기가 생겼다.

리더십이란 완성된 상태로 시작되는 것이 아니라, 계속해서 배우고 성장하며 만들어지는 것이다. 물론, 그 길은 쉽지 않다. 자기가 가는 길이 맞는지, 이 선택이 조직과 구성원들에게 긍정적인 변화를 가져올 수 있을지 끊임없이 질문하고 점검해야 한다. 그러한 질문과 점검의 과정을 통해 리더로서의 자질을 다듬고, 더 나은 방향으로 나아가게 된다. 그리고 그 길을 걸어가며 얻은 경험은, 다른 이들에게 "나도 할 수 있다"는 희망과 용기를 심어주는 밑거름이 될 것이다. 내가 위대한 리더들에게 배웠던 것처럼.

리더의 도전과 성장

리더는 결국 자신이 걸어가는 길을 통해 남들에게 길을 보여주는 사람이다. 그것이 워너비로서의 리더가 가진 또 다른 역할이다. 자기 조직을 넘어서까지 사람들에게 영감을 주는 존재들인 셈이다. 실패를 두려워하지 않고 도전하는 모습, 그리고 끝내 목표를 이뤄내는 과정을 통해서 사람들에게 지혜의 사례를 선물해준다. 남들이 시도조차 하지 못할 것 같은 일을 시도하는 것, 그리고 그것을 끝까지 이루어내는 것, 그것이 리더가 가진 힘이다.

나는 여전히 그 길을 걷고 있다. 책을 통해 배우고, 경험을 통해 성장하며, 더 나은 리더가 되기 위해 노력하고 있다. 워너비처럼 되지 못하더라도, 워너비 곁에서 맴돌며 근처로 가닿기 위해 노력할 것이다.

❧ 리더는 그 자체로 변화의 나침반

- 리더의 궁극적인 역할은 변화를 이루는 것이며, 이는 리더십의 최고난도 스킬이다. 변화를 이끄는 과정에는 격렬한 갈등이 유발되기 마련이고, 이조차 감당하고 해결하면서, 구성원이 함께 추진하려 할 때 변화의 성공 가능성이 높아진다.

- 하지만 구성원에게 비전을 제시하기 위해 여러 복잡한 상황을 타개해야 한다.

- 심지어 의도적인 방해나 태업도 이겨내며 상대를 설득해야 한다.

- 이때는 경청의 느슨함을 다잡아 설득을 통해 빠른 태도 변화를 촉구해야 할 때도 있다.

- 시행착오 때 와해될 수 있는 팀을 잘 추슬러, 지치지 않고 목표로 나아갈 지혜가 필요하다.

- 팀과 함께 능동적으로 추진의 주체가 될 때 조직은 미래를 주도할 가능성이 높아진다.

♣ 마치며

리더로서의 여정

내게 리더십 공부는 마치 초등학생이 대학생으로 성장하는 과정과 같다. 처음부터 모든 것을 알고 시작하는 사람은 없다. 초등학생처럼 서투르고 시행착오를 반복하며, 하나씩 배우고 익혀나가는 것이다. 그렇게 중학생이 되고, 고등학생을 거쳐 대학생이 되는 것처럼, 리더 역시 꾸준한 학습과 경험의 축적을 통해 성장해간다.

이처럼 리더십은 완성된 것이 아니라, 계속 만들어가는 과정이다. 이 성장 과정은 누구에게나 다르게 나타나겠지만, 중요한 것은 꾸준히 배움의 자세를 잃지 않는 것이다. 또한 동료들과 함께 더 나아질 수 있다는 선명한 기대를 품고, 그 기대를 현실로 만들기 위해 끊임없이 노력하는 자세가 필요하다.

이러한 여정에서 실패는 더 나은 방향으로 가기 위한 과정이며, 여기서 중요한 것은 그 과정에서 멈추지 않고 나아가는 것이다. 꾸준히 노력하며 새로운 것을 배우고, 이를 바탕으로 자신과 조직을 더 나은 방향으로 이끄는 것, 그것이 리더의 역할이다.

리더는 홀로 빛나는 존재가 아니다. 그는 동료들과 함께 걸으며, 그들 모두가 더 나은 위치로 나아갈 수 있도록 돕는 사람이다. 동료들의 성장은 곧 리더의 성장으로 이어지며, 그 모든 과정은 조직의 성공으로 연결된다. 리더십은 결국 개인의 목표와 조직의 목표를 하나로 연결하는 가교 역할을 한다.

리더로서의 여정은 끝이 없다. 현재의 자리에서 최선을 다하며, 미래를 준비하는 것. 동료들과 함께 더 나은 미래를 꿈꾸고, 그 꿈을 현실로 만들어가는 과정. 그것이 리더십의 진정한 의미다.